조선혁명선언 1923

우리는 모두 의열단원입니다!

위례역사문화연구소 특별기획

조선혁명선언 100주년 기념판
La Deklaracio de la Korea Revolucio

조선혁명선언 1923
우리는 모두 의열단원입니다!

신채호 짓고
아나키문화연대 펴내다

 봄싹

머리말

"강도 일본이 우리의 국호를 없애며, 우리의 정권을 빼앗으며,
우리의 생존적 필요 조건을 다 박탈하였다."

1923년 1월 의열단은 의열단의 행동 원칙과 비전을 담은 「조
선혁명선언」을 발표하였다. 의열단은 일본을 우리 조선 민족의
생명 자체를 앗아가는 '강도'로 규정하고, 이 강도 일본을 쳐 죽
이는 것이 '정당한 수단'이라는 것을 천명하였다.

이어서 강도 일본과 타협하려는 내정 독립론자, 자치론자, 참
정권론자와 강도 아래에서 기생하려는 문화 운동자 모두를 의열
단은 민족의 '적'으로 선언하고, 더 나아가 외교로 독립을 할 수

있다는 외교론이나 독립할 실력을 양성해야 한다는 준비론 등은 성의와 노력이 부족했던 것이 아니라 방향성이 잘못되었다는 것을 논파하였다. 그러므로 이제 남은 길은 '민중'이 직접 나서서 '폭력'으로 강도 일본을 쫓아내는 '혁명'뿐이라고 역설하였다.

그러면 무엇을 어떻게 해야 하는가? 혁명의 길은 파괴로 시작하지만 파괴는 곧 새로운 건설을 위한 것이다. 그러므로 파괴의 정신이 곧 건설의 주장임을 깨닫고, 제일 먼저 이족 통치를 파괴하고, 이어서 특권 계급, 약탈 제도, 사회적 불평균, 노예적 문화 사상을 파괴해야 한다. 그리고 최종적으로 "우리 생활에 불합리한 일체 제도를 개조하여 인류로써 인류를 압박하지 못하며 사회로써 사회를 박탈하지 못하는 이상적 조선을 건설"해야 한다고 선언하였다.

이 「조선혁명선언」은 처음에는 의열단의 선언문으로 발포되었지만 곧이어 독립운동가를 독립 혁명가로 혁신시키는 선언문이 되었다. 지금도 광복이 곧 독립 혁명의 끝이 아니며 '인간이 인간을 착취하고 압박하지 않는 이상 세계를 건설해야 한다.'라고 시대정신을 일깨워 주고 있다.

올해 서기 2023년은 단기 4356년이며 대한민국 105년이자

의열단의 「조선혁명선언」이 발포된 지 100주년이 되는 해이다. 1945년 해방을 맞아 이족 통치는 파괴했지만 아직도 우리의 갈 길은 멀기만 하다. 그러니 어떻게 감회가 없을 수 있겠는가?

작년 11월 19일 사단법인 국민문화연구소 회의에서 이 행사를 처음 제안했을 때 행사를 치르기 위한 인원도 돈도 경험도 없었다. 하지만 뜻을 함께한 몇몇이 모여 동지를 모으고 시민들 힘을 보태 2023년 1월 28일 서울 대학로 마로니에 공원의 야외 무대에서 「조선혁명선언」을 기념하는 작은 문화 행사를 열었다. 이어서 31일 여의도 국회의사당 의원 회관에서 국회 의원과 시민 단체 그리고 시민들이 모여 기념식을 열 수 있었다.

처음에는 아무것도 없었지만 의지만으로 결행하여 불과 두 달여 만에 작지만 의미 있는 성과를 이루어 냈다. 이것이 바로 선언문을 작성한 단재 신채호 선생님이 말한 '민중 직접 혁명'과는 궤를 약간 달리한다고 해도 '민중 직접 행동'의 정신 정도는 맛보지 않았을까? 이렇게 짧은 시간에 두 기념행사가 가능했던 것은 많은 시민들의 참여가 있었기 때문이다. 그만큼 독립 혁명가들에 대한 존경과 새로운 시대에 대한 갈망이 컸기 때문이다.

마침내 「조선혁명선언」 정신을 되새기고, 바람을 반찬 삼아 이슬을 이불 삼아 언 밥으로 끼니를 때우고 한데서 잠을 자면서도

한결같은 마음으로 새로운 세상을 건설하고자 각고면려하신 선배 독립 혁명가들의 정신을 기리고 뜻을 이어받고자 한다. 이에 선언문 원문과 쉬운 말, 에스페란토 번역문과 해설, 기념행사를 후원해 준 분들의 성의를 모아 작은 기념 책자를 만들게 되었다.

생각해 보면 신채호 선생님이 선언서에서 말하신 것처럼 '민중'과 '폭력' 중 어느 하나라도 없으면 혁명을 이룰 수 없다. 그렇지만 지금은 이족 통치로 민족의 생존을 위협받는 시대도 아니고, 아무나 잡아다가 고문하고 죽이는 시대도 아니다. 그러므로 방법도 자연히 달라야 한다.

제2차 대전 후 유럽에서는 나치 전범자들을 척결했지만 우리는 거꾸로 친일파들에게 독립 혁명가들이 숙청당하기 시작했다. 68혁명이라는 각성의 물결이 전 세계를 휩쓸 때도 오히려 병영 문화가 깊이 뿌리를 내려 세계적 운동에 합류하지 못했다. 심지어 어느샌가 종교와 정치 얘기는 입에 올리지도 말아야 한다는 망국적 발상이 일반화되기에 이르렀다.

민주주의는 투표로 말을 한다. 투표 수준을 보면 국민의 민주주의 수준을 알 수 있다. 이것은 신채호 선생님의 말처럼 "민중아, 깨어나라! 깨어나라!" 해서 이루어질 수 있는 일이 아니다.

지난번 촛불 혁명에서 보았듯이 온 국민이 개혁을 열망하고 담아낼 그릇을 마련했다 해도 무엇을 담아내야 할지 논의가 없다면 한순간에 선동가에게 모든 것을 잃을 수도 있다.

그러므로 우리는 인간이 인간을 착취하고 지배하지 않는 사회로 가기 위해 68혁명에 버금가는 대토론의 시간을 마련해야 한다. 왜? 의식 혁명 없는 정치 세력 교체는 또 다른 탄식을 불러올 뿐이다. 우리에겐 시간이 많지 않다. 대한민국은 이미 소멸 예정 국가다. 세계 최저 출생률과 최고 자살률이 우리 사회가 지옥 자체라는 것을 명확하게 말해 주고 있다. 그러므로 우리는 약육강식, 만인의 만인에 대한 투쟁, 각자도생이라는 자멸과 공멸의 논리가 아니라 모든 만물은 서로 돕고 살아간다는 상호부조의 자연 이치를 따라야 한다.

나아가 우리 헌법이 제시한 평등과 인간의 존엄성, 행복 추구권을 이루기 위해서도 국민 하나하나가 모두 대한민국의 주인으로서 주권을 분명하게 행사해야 한다. 주권을 분명하게 행사하기 위해서는 모든 인간이 자유롭고 평등하다는 원리가 우리 생활 곳곳에 스며들어야 한다. 즉 생활 속 민주주의가 이루어져야 하는 것이다. 이처럼 인간이 인간을 지배하고 착취해서는 안 된다는 원리를 우리는 무지배주의, 즉 아나키즘이라고 부른다. 이런 점에서 아나키즘과 민주주의는 서로 다른 둘이 아니라 하나다. 우리가 아나키즘 원리를 견지할 때 생활 속 민주주의는 더 빨리 뿌리내릴 수 있을 것이고 선각자들이 못다 이룬 대동 세상에 더 빨리 다가갈 수 있을 것이다.

우리 독립 혁명가들은 새로운 세상을 만들기 위해 모든 것을 바쳤다. 삶은 광복 이전이나 이후나 고난의 연속이었지만 새로운 조국을 창조한다는 자부심은 변치 않았을 것이다. 선각자들의 고통과 고뇌를 생각할 때 보잘 것 없는 이 책은 그저 부끄러울 따름이다. 하지만 백 년 전 오늘을 기억하며 우리의 시대정신을 다시금 새겨보자. 보다 자유롭고 평화로우며 행복한 세상을 만들기 위해 첫 걸음이길 바란다. 우리는 모두 의열단원이다!

끝으로 선언문 제작과 배포, 야외 문화 행사에 도움을 주신 시민 여러분께 감사드린다. 이분들이 아니었으면 선언문을 인쇄할 수도, 문화 행사도 할 수 없었다. 그리고 에스페란토 번역본을 쓴 최대석 선생님께도 감사드린다. 선생님은 번역은 물론 자체 검토회까지 열어 번역문을 감수해 주었다. 더불어 이런 놀라운 연결을 성사해 주신 강헌구 한국에스페란토협회 부회장님께도 거듭 고마움을 전한다.

이 지구 위에는 무수한 민족과 언어가 있다. 그렇지만 대략 스무 개의 언어로 번역하면 인류의 80% 이상이 선언문을 읽을 수 있다고 한다. 앞으로 「조선혁명선언」이 스무 개 이상의 언어로 번역되어 대한민국뿐만 아니라 전 인류가 착취와 압박이 없는 대동 사회로 나아가는 데 조금이라도 보탬이 되기를 바란다.

시대와 공간이 다르면 대응하는 방법도 달라진다.
항일 투쟁기에는 물리력으로
21세기 민주 국가에서는 대화와 토론으로
우리 생활에 불합리한 모든 제도를 개조하여
인간이 인간을 착취하고 압박하지 않는
이상 세계를 건설하자!

단기 4356년 대한민국 105년(2023) 11월 10일
의열단 창단일에
아나키문화연대 손모음

차례

3부 조선혁명선언 100주년 기념행사

부록

1부
조선혁명선언
원문

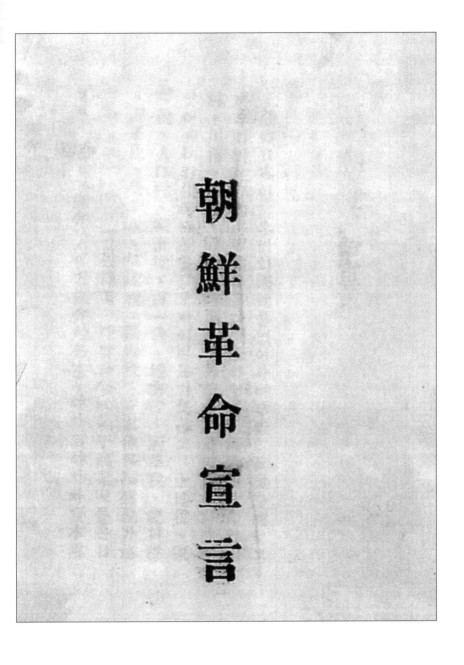

朝鮮革命宣言

朝鮮革命宣言

一

強盜日本이 우리의 國號를업시하며 우리의 政權을째앗으며 우리의 生存的 必要條件을다 剝奪하엿다 經濟의 生命인 山林、川澤、鐵道、礦山、漁場……乃至小工業原料까지다쌔앗어一切의 生產機能을칼로버이며독기로끈코 土地稅、家屋稅、人口稅、家畜稅、百一稅、地方稅、酒草稅、肥料稅、種子稅、營業稅、淸潔稅、所得稅……其他各種雜稅가逐日增加하야血液은잇는대로 다빨아가고如干商業家들은日本의製造品을朝鮮人에게媒介하는中間이되야차차資本集

中의原則下에서滅亡할뿐이오大多數人民은一般農民들은피땀을흘니어土地를갈아그終年所得으로一身과妻子의糊口거리도남기지못하고 우리를잡아먹으랴는日本強盜에게進供하야그살을찌위주는永世의牛馬가될뿐이오乃終에는그牛馬의生活도못하게日本移民의輸入이年年高度의速率로增加하야「딸깍발이」등살에우리民族은발드듸딜땅이없어山으로물로西間島로北間島로西比利亞의荒野로몰니어가 餓鬼부터流鬼가될뿐이며

二

強盜日本이 憲兵政治、警察政治를勵行하야 우리民族이寸步의行動도任意로못하고 言論、出版、結社、集會의一切自由가없어苦痛과憤恨이있으면벙어리의가슴이나만질뿐이오幸福과自由의世界에는눈뜬소경이되고 子女가나면

日語를國語라日文을國文이라」하는奴隷養成所─學校로
보내고 朝鮮사람으로或朝鮮歷史를읽게된다하면『檀君을
誣하야素戔鳴尊의兄弟라』하며『三韓時代漢江以南을日本
領地라』한日本놈들의적은대로읽게되며 新聞이나雜誌를
본다하면强盜政治를讚美하는半日本化한奴隷的文字뿐이며
똑똑한子弟가난다하면環境의壓迫에서厭世絶望의墮落者가
되거나그렇지않으면「陰謀事件」의名稱下에監獄에拘留되
야 周牢、枷鎖、단금질、챗직질、電氣질、바늘로손톱밑
、발톱밑을쑤시는、手足을달아매는、코구멍에물붓는、生
殖器에심지를박는모든惡刑곳野蠻專制國의刑律辭典에도없
는가진惡刑을다당하고죽거나僥倖히살아서獄門에나온대야
終身不具의廢疾者가될뿐이라 그렇지❍을지라도發明創作

朝鮮革命宣言

三

의 本能은 生活의 困難에서 斷絕하며 進取......의 氣象은 境遇의

壓迫에서 消滅되야 「죽도색도」 못하게 各方面의 束縛、鞭笞

、驅迫、壓制를 받아 環海三千里가 一個大監獄이 되야 우리 民

族은 아조 人類의 自覺을 잃을뿐 아니라 곳 自動的 本能까지 잃어

奴隷부터 機械가 되야 强盜手中의 使用品이 되고 말뿐이며

强盜日本이 우리의 生命을 草芥로 보아 乙巳以後 十三道

의 義兵나던 各地方에서 日本軍隊의 行한 暴行도 이로다 적을수

없거니와 卽最近 三一運動 以後 水原、宣川......等의 國內各地

부터 北間島、西間島、露領沿海州 各處까지 到處에 居民을 屠

戮한다　村落을 燒火한다　財産을 掠奪한다　婦女를 汚辱한

다　목을끈는다　산채로뭇는다　불에살은다　或一身을 두

동가리세동가리에 내여죽인다·兒童을 惡刑한다　婦女의 生

殖器를破壞한다하야　할수잇는대까지慘酷한手段을쓰어서
恐怖와戰慄로우리民族을壓迫하야　人間의「산송장」을맨
들랴하는도다

以上의事實에據하야　우리는日本强盜政治곳異族統治가
우리朝鮮民族生存의敵임을宣言하는同時에　우리는革命手
段으로　우리生存의敵인强盜日本을殺伐함이곳우리의正當
한手段임을宣言하노라

二

內政獨立이나　參政權이나　自治를運動하는者ㅣ누구이
냐?
너희들이『東洋平和』『韓國獨立保全』等을擔保한盟約이

朝鮮革命宣言

五

墨도 말으지아니하야 三千里疆土를 이먹던 歷史를잊엇는

냐? 『朝鮮人民生命財産自由保護』『朝鮮人民幸福增進』等

을申明한宣言이 땅에더러지지아니하야二千萬의生命이地

獄에빠지던實際를못보느냐? 三一運動以後에强盜日本이도

우리의獨立運動을緩和식히랴고 宋秉畯、閔元植等一二賣

國奴를식히어이따위狂論을부름이니 이에附和하는者ㅣ肯

人이아니면어찌奸賊이아니냐?

設或强盜日本이 果然寬大한度量이있어慨然히此等의要

求를許諾한다하자 所謂內政獨立을찾고各種利權을찾지못

하면朝鮮民族은一般의餓鬼가될뿐이아니냐? 參政權을獲得

한다하자 自國의無産階級의血液까지搾取하는資本主義强

盜國의殖民地人民이되야幾個奴隷代議士의選出로어찌餓死

의禍를救하겠느냐? 自治를엇다하자 其何種의自治임을

勿問하고日本이그强盜的侵略主義의招牌인『帝國』이란名

稱이存在한以上에는 그附屬下에있는朝鮮人民이어찌區

한自治의虛名으로써 民族的生存을維持하겠느냐?

設或强盜日本이 突然히佛菩薩이되야一朝에總督府를撤

廢하고各種利權을다우리에게還付하며內政外交를다우리의

自由에맡기고日本의軍隊와警察을一時에撤還하며日本의移

住民을一時에召還하고다만虛名의宗主權만갖인다할지라도

우리가萬一過去의記憶이全滅하지아니하얏다하면 日本을

宗主國으로奉戴한다함이『恥辱』이란名詞를아는人類로는

못할지니라

日本强盜政治下에서 文化運動을부르는者ㅡ누구이냐?

七

文化는 産業과 文物의 發達한 總積을 가르치는 名詞니 經濟掠奪의 制度下에서 生存權이 剝奪된 民族은 그 種族의 保全도 疑問이거든 하믈며 文化發展의 可能이 있으랴? 衰亡한 印度族、猶太族도 文化가 있다하지만 一은 그 金錢의 力으로 그 祖先의 宗敎的 遺業을 繼續함이며 一은 그 土地의 廣과 人口의 衆으로 上古의 自由發達한 餘澤을 保守함이니 어대 蚊虻같이 豺狼같이 人血을 빨다가 骨髓까지 깨무는 强盜日本의 입에 물린 朝鮮같은대서 文化를 發展或은 保守한 前例가 있던냐? 檢閱、押收 모든 壓迫中에 幾個 新聞雜誌를 갖이고 『文化運動』의 木鐸으로 自鳴하며 强盜의 脾胃에 거슬이지아니할만한 言論이나 主唱하야 이것을 文化發展의 過程으로 본다 하면 그 文化發展이돌이어 朝鮮의 不幸인가가하노라

以上의理由에據하야　우리는우리의生存의敵인强盜日本

과安協하랴는者（內政獨立、自治、參政權等論者）나　强

盜政治下에서寄生하랴는主義를갖인者（文化運動者）나다

우리의敵임을宣言하노라

三

强盜日本의驅逐을主張하는가운대　또如左한論者들이있

으니

第一은外交論이니　李朝五百年文弱政治가『外交』로써

護國의長策을삼아　더욱그末世에尤甚하야　甲申以來維新

黨、守舊黨의盛衰가　거의外援의有無에서判決되며爲政者

의政策은오직甲國을引하야乙國을制함에不過하얏고　그依

賴의習性이一般政治社會에傳染되야即

本이累十万의生命과累億万의財産을犧牲하야淸露兩國을몰

니고朝鮮에對하야强盜的侵略主義를貫徹하랴하는데 우리

朝鮮의「祖國을사랑한다民族을건지랴한다」하는이들은一

劍一彈으로昏庸貪暴한官吏나國賊에게 던지지못하고 公

函이나列國公館에던지며長書나日本政府에보내야國勢의孤

弱을哀訴하야國家存亡、民族死活의大問題를外國人、甚至

於敵國人의處分으로決定하기만기다리엇도다 그래서「乙

巳條約」『庚戌合倂』곳「朝鮮」이란일홈이생긴뒤멧千年만

의처음當하던恥辱에朝鮮民族의憤怒的表示가겨우哈爾濱의

총、鍾峴의칼、山林儒生의義兵이되고말엇도다 아!過去

數十年歷史야말로勇者로보면唾罵할歷史가될뿐이며仁者로

一〇

보면傷心할歷史가될뿐이다 그리고도國亡以後海外로나아

가는某某志士들의思想이무엇보다도먼저『外交』가그第一

章第一條가되며國內人民의獨立運動을煽動하는方法도『未

來의日美戰爭、日露戰爭等機會』가거의千篇一律의文章이

엇섯고 最近三一運動에一般人士의『平和會議、國際聯盟』

에對한過信의宣傳이돌이어二千萬民衆의奮勇前進의意氣를

打消하는媒介가될뿐이엇도다

第二는準備論이니 乙巳條約의當時에列國公館에 비발

더듯하던조희쪽으로넘어가는國權을붓잡지못하며丁未年의

海牙密使도獨立恢復의福音을안고오지못하매 이에차차外

交에對하야야疑問이되고 戰爭아니면안되겟다는 判斷이생기엇

다 그러나軍人도업고武器도업이 엇스로써戰爭하겟느

朝鮮革命宣言

二一

야?　山林儒生들은　春秋大義에　成敗를 不計하고 義兵을 募集

하야 義冠大衣로 指揮의 大將이 되며　산양砲手의 火繩隊를 몰

아갖이고 朝日戰爭의 戰鬪線에 나섯지만 新聞쪽이나 본이들—

곳時勢를 斟酌한다는 이들은　그리할 勇氣가 아니난다 이에

『今日今時로 곳日本과 戰爭한다는것은 妄發이다　총도작만

하고　돈도작만하고　大砲도작만하고　將官이나 士卒가음

까지라도다작만한뒤에야 日本과 戰爭한다』함이니 이것이

이른바準備論 곳獨立戰爭을 準備하자함이다　外勢의 侵入이

더할사록　우리의 不足한것이작구感覺되야 그準備論의 範

圍가戰爭以外까지 擴張되야 敎育도振興하야겟다　商工業도

發展하야겟다　其他무엇무엇一切가모다準備論의部分이되

얏섯다　庚戌以後各志士들이義西北間島의森林을더듬으며

或西比利亞의찬바람에배부르며 或南北京으로돌아단이며 或
美洲나『하와이』로들어가며 或京鄉에出沒하야十餘星霜內
外各地에서 목이텆일만치準備! 準備! 를불넛지만 그
所得이몇개不完全한學校와實力없는會뿐이엇섯다 그렇나
그들의誠力의不足이아니라實은그主張의錯誤이다 强盜日
本이 政治經濟兩方面으로驅迫을주어經濟가날로困難하고
生産機關이全部剝奪되야衣食의方策도斷絕되는때에무엇으
로? 어떻게? 實業을發展하며? 敎育을擴張하며? 더구나어
대서? 얼마나? 軍人을養成하며? 養成한들日本戰鬪力의百
分之一의比較라도되게할수있느냐? 實로一場의잠고대가될
뿐이로다

朝鮮革命宣言

以上의理由에依하야 우리는『外〇』『準備』等의迷夢을

바리고 民衆直接革命의 手段을 取함을 言함하노라 一四

四

朝鮮民族의 生存을 維持하자면 强盜日本을 驅逐할지며 强盜日本을 驅逐하자면 오즉 革命으로써할뿐이니 革命이아니고는 强盜日本을 驅逐할 方法이업는바이다

그런나 우리가 革命에 從事하랴면어느 方面부터着手하겟나노?

舊時代의 革命으로말하면 人民은 國家의 奴隷가되고 그以上에 人民을 支配하는 上與곳特殊勢力이잇어 그所謂革命이란것은 特殊勢力의 名稱을變更함에 不過하얏다 다시말하자면 곳『乙』의特殊勢力으로『甲』의特殊勢力을變更함에 不過하

앗다 그럼으로人民은革命에對하야다만甲乙兩勢力곳新舊

兩上與의孰仁、孰暴、孰善、孰惡을보아 그向背를定할뿐

이오直接의關係가업섯다 그리하야『誅其君而吊其民』이

革命의惟一宗旨가되고『簞食壺漿以迎王師』가革命史의惟

一美談이되엿섯거니와今日革命으로말하면民衆이곳民衆自

己를爲하야하는革命인故로『民衆革命』이라『直接革命』이

타稱함이며民衆直接의革命인故로그沸騰澎漲의熱度가數字

上强弱比較의觀念을打破하며그結果의成敗가매양戰爭學上

의定軌에逸出하야無錢無兵한民衆으로百萬의軍隊와億萬의

富力을갓인帝王도打倒하며外寇도驅逐하나니 그럼으로우

리革命의第一步는民衆覺悟의要求니라

民衆이어떻게覺悟하느뇨?

一五

民衆은神人이나聖人이나어떤英雄ㅅ聖傑이있어『民衆을覺悟』하도록指導하는대서覺悟하는것도아니오『民衆이여覺悟하자』『民衆이여覺悟하여라』그런熱叫의소리에서覺悟하는것도아니오

오즉民衆이民衆을爲하야 一切不平不自然不合理한民衆向上의障礙부터먼저打破함이 곳『民衆을覺悟케』하는惟一方法이니 다시말하자면곳先覺한民衆이民衆의全體를爲하야革命的先驅가됨이民衆覺悟의第一路니라

一般民衆이 飢、寒、困、苦、妻呼、兒啼、稅納의督捧、私債의催促、行動의不自由모든壓迫에졸니어 살랴니삶수없고 죽으랴하야도죽을바를모르는판에萬一그壓迫의主因되는强盜政治의施設者인强盜들을擊斃하고强盜의一切施

龍을破壞하고福音이四海에傳하며萬衆이同情의눈물을뿌리
어 이에人人이그「餓死」以外에오히려革命이란一路가남
아잇음을깨달아 勇者는그義憤에못이기어弱者는그苦痛에
못견대어 모다이길로모아들어繼續的으로進行하며普遍的
으로傳染하야擧國一致의大革命이되면奸猾殘暴한强盜日本
이必竟驅逐되는날이라 그럼으로우리의民衆을喚醒하야强
盜의統治를打倒하고 우리民族의新生命을開拓하자면養兵
十万이一擲의炸彈만못하며億千張新聞雜誌가一回의暴動만
못할지니라

民衆의暴力的革命이發生치아니하면已어니와 이미發生
한以上에는마치懸崖에서 굴니는돍과갓하야目的地에到達
하지아니하면停止하지않는것이라 ..리己往의經過로말하

면甲申政變은特殊勢力이特殊勢力과□□우던宮中一時의活劇

이될뿐이며庚戌前後의義兵들은忠君愛國의大義로激起한讀

書階級의思想이며安重根、李在明等烈士의暴力的行動이熱

烈하얏지만그後面에民衆的力量의基礎가업섯으며三一運動

의萬歲소리에民衆的의一致의意氣가瞥現하얏지만도한暴力的

中心을갖이지못하얏도다　『民衆、暴力』兩者의其一만빠

지면　비록轟烈壯快한擧動이라도또한雷電갈이收束하는도

다

朝鮮안에强盜日本의製造한革命原因이　산갈이싸히엇다

언제든지民衆의暴力的革命이開始되야　『獨立을못하면살지

않으리라』 『日本을驅逐하지못하면물너서지안으리라』는

口號를갖이고繼續前進하면日本을貫徹하고야말지니　이는

察의칼이나　軍隊의총이나　奸猾한政治家의手段으로도

막지못하리라

革命의記錄은自然히慘絶壯絶한記錄이되리라　그렇나물

너서면그後面에는黑暗한陷穽이오　나아가면그前面에는光

明한活路니　우리朝鮮民族은그慘絶壯絶한記錄을그리면서

나아갈뿐이니라

이제暴力―暗殺、破壞、暴動―의目的物을大略列擧하건

대

一、朝鮮總督及各官公吏

二、日本天皇及各官公吏

三、偵探奴、賣國賊

四、敵의一切施設物

朝鮮革命宣言

一九

此外에 各地方의 紳士나 富豪가 비록 現著이 革命運動을 妨

害한 罪가업을지라도 만일 言語或行動으로 우리의 運動을 緩

和하고 中傷하는 者는 우리의 暴力으로써 對付할지니라 日本

人移住民은 日本强盗政治의 機械가되야 朝鮮民族의 生存을 威

脅하는 先鋒이되야있은즉 또한 우리의 暴力으로 驅逐할지니

라

二〇

五

革命의길은 破壞부터 開拓할지니라 그러나 破壞만하랴고

破壞하는것이아니라 建設하랴고 破壞하는것이니 만일 建

設할줄을모르면 破壞할줄도모르지며 破壞할줄을모르면 建設

할줄도모르지니라 建設과 破壞가 다만 形式上에서보아 區別

뿐이오 精神上에서는 破壞가 곳建設이니 이를터면우리가

日本勢力을破壞하랴는것이 第一은異族統治를破壞하자함

이다 웨? 『朝鮮』이란그위에 『日本』이란異族그것이專

制하야있으니異族專制의밑에있는朝鮮은固有的朝鮮이아니

니 固有的朝鮮을發見하기爲하야異族統治를破壞함이니라

第二는特權階級을破壞하자함이다 웨? 『朝鮮民衆』이란

그위에總督이니무엇이니하는强盜團의特權階級이壓迫하야

있으니特權階級의壓迫밑에있는朝鮮民衆은自由的朝鮮民衆

이아니니 自由的朝鮮民衆을發見하기爲하야特權階級을打

破함이니니 第三은經濟掠奪制度를破壞하자함이다 웨?

掠奪制度밑에있는經濟는民衆自己가生活하기爲하야組織한

經濟가아니오 곳民衆을잡아먹으랴 强盜의살을찌우기爲

二一

하야 組織한 經濟니　民衆生活을 發展하야 經濟掠奪制度를 破壞함이니라　第四는 社會的 不平均을 破壞하자함이다　웨？　弱者以上에 强者가잇고 賤者以上에 貴者가잇어모든 不平均을갖인 社會는　서로 掠奪　서로 嫉妬仇視하는 社會가되야　처음에는 少數의幸福을爲하야 多數의民衆을 殘害하다가 末竟에는또 少數끼리서로 殘害하야 民衆全體의幸福이畢竟數字上의空이되고말뿐이니 民衆全體의幸福을增進하기爲하야 社會的 不平均을 破壞함이니라　第五는 奴隷的文化思想을 破壞하자함이다　웨？　遺來하던 文化思想의宗敎、倫理、文學、美術、風俗、習慣 그어느무엇이强者가製造하야 强者를 擁護하던것이아니더냐？　强者의娛樂에 供給하던 諸具가아니더냐？　一般民衆을 奴隷化케하던 魔醉劑가아니

러냐? 少數階級은 强者가 되고 多數民衆은 돌이어 弱者가 되야 不義의 壓制를 反抗치못함은 專혀 奴隷的 文化思想의 束縛을받은까닭이니 만일民衆의 文化를提倡하야그 束縛의 鐵鎖를끈지아니하면 一般民衆은 權利思想이 薄弱하며 自由向上의 興味가缺乏하야 奴隷의 運命속에서 輪廻할뿐이라 그럼으로民衆文化를提倡하기 爲하야 奴隷的 文化思想을 破壞함이니라 다시말하자면 「固有的 朝鮮의」 「自由的 朝鮮民衆의」 「民衆的 經濟의」 「民衆的 社會의」 「民衆的 文化의」 朝鮮을 「建設」하기 爲하야 「異族統治의」 「掠奪制度의」 「社會的 不平均의」 「奴隷的 文化思想의」 現象을 打破함이니라 그런즉 破壞的 精神이 곳 建設的 主張이라 나아가면 破壞의 「칼」이 되고 들어오면 建設의 「旗」가 될지니 破壞○ 貳魄은 없고 建設할 癡

二二

想만잇다하면五百年을經過하여도革命의꿈도꾸어보지못할

지니라　이제破壞와建設이하나이오둘이아닌줄알진대　民

衆的破壞앞에는반드시民衆的建設이잇는줄알진대　現在朝

鮮民衆은　오즉民衆的暴力으로新朝鮮建設의障礙인强盜日

本勢力을破壞할것뿐인줄을알진대　朝鮮民衆이한편이되고

日本强盜가한편이되야　네가亡하지아니하면　내가亡하게

된『외나무다리위』에선줄을알진대　우리二千萬民衆은一

致로暴力破壞의길로나아갈지니라

　　民衆은　우리革命의大本營이다

　　暴力은　우리革命의惟一武器이다

　　우리는　民衆속에가서　民衆과携手하야

不絶하는暴力—暗殺、破壞、暴動으로써

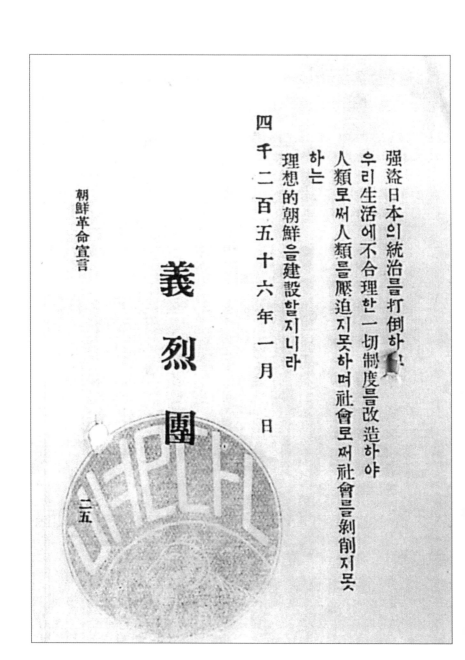

强盗日本의 統治를 打倒하고

우리生活에 不合理한 一切制度를 改造하야

人類로써 人類를 壓迫지 못하며 社會로써 社會를 剝削지 못

하는

理想的朝鮮을 建設할지니라

四千二百五十六年 一月　日

朝鮮革命宣言

義烈團

二五

朝鮮革命宣言

二六

원본

朝鮮革命宣言[*]

一

　　强盜 日本이 우리의 國號를 없이 하며 우리의 政權을 빼앗으며 우리의 生存的 必要條件을 다 剝奪하엿다 經濟의 生命인 山林·川澤·鐵道·礦山·漁場 ······ 乃至 小工業 原料까지 다 빼앗어 一切의 生産機能을 칼로 버이며 독기로 끊고 土地稅·家屋稅·人口稅·家畜稅·百一稅·地方稅·酒草稅·肥料稅·種子稅·營業稅·淸潔稅·所得稅 ······ 其他 各種 雜稅가 逐日增加하야 血液은 있는 대로 다 빨아가고 如干商業家들은 日本의 製造品을

* 국사편찬위원회 소장 영인본 참조

朝鮮人에게 媒介하는 中間人이 되야 차차 資本集中의 原則 下에서 滅亡할 뿐이오 大多數 人民 곳 一般 農民들은 피땀을 흘니어 土地를 갈아 그 終年所得으로 一身과 妻子의 糊口 거리도 남기지 못하고 우리를 잡아먹으랴는 日本 強盜에게 進供하야 그 살을 찌워주는 永世의 牛馬가 될 뿐이오 乃終에는 그 牛馬의 生活도 못하게 日本 移民의 輸入이 年年高度의 速率로 增加하야 『딸깍발이』 등살에 우리 民族은 발 드딀 땅이 없어 山으로 물로 西間島로 北間島로 西比利亞의 荒野로 몰니어가 餓鬼부터 流鬼가 될 뿐이며

強盜 日本이 憲兵政治·警察政治를 勵行하야 우리 民族이 寸步의 行動도 任意로 못하고 言論·出版·結社·集會의 一切 自由가 없어 苦痛과 憤恨이 있으면 벙어리의 가슴이나 만질 뿐이오 幸福과 自由의 世界에는 눈뜬 소경이 되고 子女가 나면 『日語를 國語라 日文을 國文이라』하는 奴隸養成所 - 學校로 보내고 朝鮮 사람으로 惑 朝鮮歷史를 읽게 된다 하면 『檀君을 誣하야 素戔鳴尊의 兄弟』라 하며 『三韓時代 漢江 以南을 日本 領地라』한 日本 놈들의 적은대로 읽게 되며 新聞이나 雜誌를 본다 하면 強盜政治를 讚美하는 半日本化한 奴隸的 文字뿐이며 똑똑한 子弟가 난다 하면 環境의 壓迫에서 厭世絶望의 墮落者가 되거나 그렇지 않으면 『陰謀事件』의 名稱 下에 監獄에 拘留되야 周牢·伽鎖·단근질·챗직질·電氣질·바늘로 손틉 밑·발톱 밑을 쑤시는·手足을

달아매는·코구멍에 물 붓는·生殖器에 심지를 박는 모든 惡刑 곳 野蠻 專制國의 刑律辭典에도 없는 가진 惡刑을 다 당하고 죽거나 僥倖히 살아 獄門에서 나온대야 終身 不具의 廢疾者가 될 뿐이라 그렇지 않을지라도 發明 創作의 本能은 生活의 困難에서 斷絶하며 進取活潑의 氣象은 境遇의 壓迫에서 消滅되야 『찍도 쩍도』못하게 各 方面의 束縛·鞭笞·驅迫·壓制를 받아 環海 三千里가 一個 大監獄이 되야 우리 民族은 아조 人類의 自覺을 잃을 뿐 아니라 곳 自動的 本能까지 잃어 奴隷부터 機械가 되야 强盜 手中의 使用品이 되고 말 뿐이며

强盜 日本이 우리의 生命을 草芥로 보아 乙巳 以後 十三道의 義兵나던 各 地方에서 日本軍隊의 行한 暴行도 이로 다 적을 수 없거니와 卽 最近 三一運動 以後 水源·宣川 ······ 等의 國內 各地부터 北間島·西間島·露領沿海州 各處까지 到處에 居民을 屠戮한다 村落을 燒火한다 財産을 掠奪한다 婦女를 汚辱한다 목을 끊는다 산 채로 묻는다 불에 살은다 或 一身을 두 동가리 세 동가리에 내어 죽인다 兒童을 惡刑한다 婦女의 生殖器를 破壞한다 하야 할 수 있는 대까지 慘酷한 手段을 쓰어서 恐怖와 戰慄로 우리 民族을 壓迫하야 人間의 『산송장』을 맨들랴 하는도다

以上의 事實에 據하야 우리는 日本 强盜政治 곳 異族統治가 우리 朝鮮民族 生存의 敵임을 宣言하는 同時에 우리는 革命手段으로 우리 生存의 敵인 强盜 日本을 殺伐함이 곳 우리의 正當한

手段임을 宣言하노라

二

內政獨立이나 參政權이나 自治를 運動하는 者 - 누구이냐?

너희들이 『東洋平和』『韓國獨立保存』 等을 擔保한 盟約이 墨
도 말으지 아니하야 三千里彊土를 집어먹던 歷史를 잊엇느냐?
『朝鮮人民生命 財産 自由 保護』『朝鮮人民 幸福增進』 等을 申明
한 宣言이 땅에 떠러지지 아니하야 二千萬의 生命이 地獄에 빠
지던 實際를 못 보느냐? 三一運動 以後에 强盜 日本이 또 우리의
獨立運動을 緩和식히랴고 宋秉畯·閔元植 等 一二 賣國奴를 식히
어 이따위 狂論을 부름이니 이에 附和하는 者 - 盲人이 아니면
어찌 奸賊이 아니냐?

設或 强盜 日本이 果然 寬大한 度量이 있어 慨然히 此等의 要
求를 許諾한다 하자 所謂 內政獨立을 찾고 各種 利權을 찾지 못
하면 朝鮮民族은 一般의 餓鬼가 될 뿐이 아니냐? 參政權을 獲得
한다 하자 自國의 無産階級의 血液까지 搾取하는 資本主義 强盜
國의 植民地 人民이 되야 幾個 奴隷代議士의 選出로 어찌 餓死
의 禍를 救하겟느냐? 自治를 얻는다 하자 그 何種의 自治임을 勿
問하고 日本이 그 强盜的 侵略主義의 招牌인 『帝國』이란 名稱이

存在한 以上에는 그 附屬 下에 있는 朝鮮人民이 어찌 區區한 自治의 虛名으로써 民族的 生存을 維持하겠느냐?

設或 强盜 日本이 突然히 佛菩薩이 되야 一朝에 總督府를 撤廢하고 各種 利權을 다 우리에게 還付하며 內政 外交를 다 우리의 自由에 맡기고 日本의 軍隊와 警察을 一時에 撤還하며 日本의 移住民을 一時에 召還하고 다만 虛名의 宗主權만 갖인다 할지라도 우리가 萬一 過去의 記憶이 全滅하지 아니하얏다 하면 日本을 宗主國으로 奉戴한다 함이 『恥辱』이란 名詞를 아는 人類로는 못할지니라

日本 强盜政治 下에서 文化運動을 부르는 者 - 누구이냐? 文化는 産業과 文物의 發達한 總積을 가르키는 名詞니 經濟掠奪의 制度 下에서 生存權이 剝奪된 民族은 그 種族의 保全도 疑問이거든 하믈며 文化發展의 可能이 있으랴? 衰亡한 印度族·猶太族도 文化가 있다 하지만 一은 金錢의 力으로 그 祖先의 宗敎的 遺業을 繼續함이며 一은 그 土地의 廣과 人口의 衆으로 上古의 自由發達한 餘澤을 保守함이니 어대 蚊蝱같이 豺狼같이 人血을 빨다가 骨髓까지 깨무는 强盜 日本의 입에 물닌 朝鮮같은대서 文化를 發展 或 保守한 前例가 있던냐? 檢閱·押收 모든 壓迫 中에 幾個 新聞 雜誌를 갖이고 『文化運動』의 木鐸으로 自鳴하며 强盜의 脾胃에 거슬이지 아니할 만한 言論이나 主唱하야 이것을 文化發展의 過程으로 본다 하면 그 文化發展이 돌이어 朝鮮의

不幸인가 하노라

以上의 理由에 據하야 우리는 우리의 生存의 敵인 强盜 日本과 妥協하라는 者(內政獨立·自治·參政權等論者)나 强盜政治 下에서 奇生하라는 主義를 갖인 者(文化運動者)나 다 우리의 敵임을 宣言하노라

三

强盜 日本의 驅逐을 主張하는 가운대 또 如左한 論者들이 있으니

第一은 外交論이니 李朝 五百年 文弱政治가 『外交』로써 護國의 長策을 삼아 더욱 그 末世에 尤甚하야 甲申 以來 維新黨·守舊黨의 盛衰가 거의 外援의 有無에서 判決되며 爲政者의 政策은 오직 甲國을 引하야 乙國을 制하매 不過하얏고 그 依賴의 習性이 一般 政治社會에 傳染되야 卽 甲午 甲辰 兩 戰役에 日本이 累十萬의 生命과 累億萬의 財産을 犧牲하야 淸露 兩國을 물니고 朝鮮에 對하야 强盜的 侵略主義를 貫徹하랴 하는데 우리 朝鮮의 『祖國을 사랑한다 民族을 건지랴 한다』하는 이들은 一劍一彈으로 昏庸貪暴한 官吏나 國賊에게 던지지 못하고 公函이나 列國 公館에 던지며 長書나 日本政府에 보내야 國勢의 孤弱을 哀訴하

야 國家存亡·民族死活의 大問題를 外國人 ·甚至於 敵國人의 處分으로 決定하기만 기다리엇도다 그래서 『乙巳條約』『庚戌合倂』곳 『朝鮮』이란 일홈이 생긴 뒤 몇 千年만의 처음 當하던 恥辱에 朝鮮民族의 憤怒的 表示가 겨우 哈爾濱의 총·種峴의 칼·山林儒生의 義兵이 되고 말엇도다 아! 過去 數十年 歷史야말로 勇者로 보면 唾罵할 歷史가 될 뿐이며 仁者로 보면 傷心할 歷史가 될 뿐이다 그리고도 國亡 以後 海外로 나아가는 某某 志士들의 思想이 무엇보다도 먼저 『外交』가 그 第一章 第一條가 되며 國內 人民의 獨立運動을 煽動하는 方法도 『未來의 日美戰爭·日露戰爭 等 機會』가 거의 千篇一律의 文章이엇섯고 最近 三一運動에 一般 人士의 『平和會義·國際聯盟』에 對한 過信의 宣傳이 돌이어 二千萬 民衆의 奮勇前進의 意氣를 打消하는 媒介가 될 뿐이엇도다

　第二는 準備論이니 乙巳條約의 當時에 列國公館에 비발덧듯 하던 조희쪽으로 넘어가는 國權을 붓잡지 못하며 丁未年의 海牙密使도 獨立恢復의 福音을 안고 오지 못하매 이에 차차 外交에 對하야 疑問이 되고 戰爭아니면 않되겟다는 判斷이 생기엇다 그렇나 軍人도 없고 武器도 없이 무엇으로써 戰爭하겟느냐? 山林儒生들은 春秋大義에 成敗를 不計하고 義兵을 募集하야 峨冠大衣로 指揮의 大將이 되며 산양 砲手의 火繩隊를 몰아갖이고 朝日戰爭의 戰鬪線에 나섯지만 新聞 쪽이나 본 이들 – 곳 時勢를 斟酌한다는 이들은 그리할 勇氣가 아니 난다 이에 『今日 今

時로 곳 日本과 戰爭한다는 것은 妄發이다 총도 작만하고 돈도 작만하고 大砲도 작만하고 將官이나 士卒가음까지라도 다 작만한 뒤에야 日本과 戰爭한다』함이니 이것이 이른바 準備論 곳 獨立戰爭을 準備하자 함이다 外勢의 侵入이 더할사록 우리의 不足한 것이 작구 感覺되야 그 準備論의 範圍가 戰爭 以外까지 擴張되야 敎育도 振興하야겟다 商工業도 發展하야겟다 其他 무엇무엇 一切가 모다 準備論의 部分이 되얏섯다 庚戌 以後 各 志士들이 或 西北間島의 森林을 더듬으며 或 西比利亞의 찬바람에 배부르며 或 南北京으로 돌아단이며 或 美洲나 『하와이』로 들어가며 或 京鄕에 出沒하야 十餘星霜內外 各地에서 목이 텃일만치 準備! 準備!를 불넛지만 그 所得이 몇개 不完全한 學校와 實力없는 會뿐이엇섯다 그렇나 그들의 誠力의 不足이 아니라 實은 그 主張의 錯誤이다 强盜 日本이 政治經濟 兩 方面으로 驅迫을 주어 經濟가 날로 困難하고 生産機關이 全部 剝奪되야 衣食의 方策도 斷絶되는 때에 무엇으로? 어떻게? 實業을 發展하며? 敎育을 擴張하며 더구나 어대서? 얼마나? 軍人을 養成하며? 養成한들 日本 戰鬪力의 百分之一의 比較라도 되게 할 수 있느냐? 實로 一場의 잠고대가 될 뿐이로다

以上의 理由에 依하야 우리는 『外交』『準備』 等의 迷夢을 바리고 民衆 直接革命의 手段을 取함을 宣言하노라

四

朝鮮民族의 生存을 維持하자면 强盜 日本을 驅逐할지며 强盜 日本을 驅逐하자면 오즉 革命으로써 할 뿐이니 革命이 아니고는 强盜 日本을 驅逐할 方法이 없는 바이다

그렇나 우리가 革命에 從事하랴면 어느 方面부터 着手하겟나뇨?

舊時代의 革命으로 말하면 人民은 國家의 奴隷가 되고 그 以上에 人民을 支配하는 上典 곳 特殊勢力이 있어 그 所謂 革命이란 것은 特殊勢力의 名稱을 變更함에 不過하얏다 다시 말하자면 곳 『乙』의 特殊勢力으로 『甲』의 特殊勢力을 變更함에 不過하얏다 그렇므로 人民은 革命에 對하야 다만 甲乙 兩 勢力 곳 新舊 兩 上典의 孰仁・孰暴・孰善・孰惡을 보아 그 向背를 定할 뿐이오 直接의 關係가 없엇다 그리하야 『誅其君而弔其民』이 革命의 惟一宗旨가 되고 『簞食壺漿以迎王師』가 革命史의 惟一美談이 되엿섯거니와 今日 革命으로 말하면 民衆이 곳 民衆 自己를 爲하야 하는 革命인 故로 『民衆革命』이라 『直接革命』이라 稱함이며 民衆 直接의 革命인 故로 그 沸騰澎漲의 熱度가 數字上 强弱 比較의 觀念을 打破하며 그 結果의 成敗가 매양 戰爭學上의 定軌에 逸出하야 無錢無兵한 民衆으로 百萬의 軍隊와 億萬의 富力을 갖인

帝王도 打倒하며 外寇도 驅逐하나니 그럼므로 우리 革命의 第一步는 民衆覺悟의 要求니라

民衆이 어떻게 覺悟하느뇨?

民衆은 神人이나 聖人이나 어떤 英雄豪傑이 있어 『民衆을 覺悟』하도록 指導하는 대서 覺悟하는 것도 아니요 『民衆아 覺悟하자』『民衆이여 覺悟하여라』 그런 熱叫의 소리에서 覺悟하는 것도 아니오

오즉 民衆이 民衆을 爲하야 一切 不平 不自然 不合理한 民衆 向上의 障礙부터 먼저 打破함이 곳 『民衆을 覺悟케』하는 惟一 方法이니 다시 말하자면 곳 先覺한 民衆이 民衆의 全體를 爲하야 革命的 先驅가 됨이 民衆覺悟의 第一路니라

一般 民衆이 飢·寒·困·苦·妻呼·兒啼·稅納의 督捧·私債의 催促·行動의 不自由 모든 壓迫에 졸니어 살라니 살 수 없고 죽으라 하야도 죽을 바를 모르는 판에 萬一 그 壓迫의 主因되는 強盜政治의 施設者인 強盜들을 擊斃하고 強盜의 一切 施設을 破壞하고 福音이 四海에 傳하며 萬衆이 同情의 눈물을 뿌리어 이에 人人이 그 『餓死』以外에 오히려 革命이란 一路가 남아 있음을 깨달아 勇者는 그 義憤에 못 이기어 弱者는 그 苦痛에 못 견대어 모다 이 길로 모아들어 繼續的으로 進行하며 普遍的으로 傳染하야 擧國一致의 大革命이 되면 奸猾殘暴한 強盜 日本이 必竟 驅逐되는 날이라 그럼므로 우리의 民衆을 喚醒하야 強盜의 統治를

打倒하고 우리 民族의 新生命을 開拓하자면 養兵 十萬이 一擲의 炸彈만 못하며 億千張 新聞雜誌가 一回의 暴動만 못할 지니라

民衆의 暴力的 革命이 發生치 아니하면 已어니와 이미 發生한 以上에는 마치 懸崖에서 굴니는 돍과 같하야 目的地에 到達하지 아니하면 停止하지 않는 것이라 우리 已往의 經過로 말하면 甲申政變은 特殊勢力이 特殊勢力과 싸우던 宮中 一時의 活劇이 될 뿐이며 庚戌 前後의 義兵들은 忠君愛國의 大義로 激起한 讀書階級의 思想이며 安重根·李在明 等 烈士의 暴力的 行動이 熱烈하얏지만 그 後面에 民衆的 力量의 基礎가 없엇으며 三一運動의 萬歲소리에 民衆的 一致의 意氣가 瞥現하얏지만 또한 暴力的 中心을 갖이지 못하엿도다 『民衆·暴力』兩者의 其一만 빠지면 비록 轟烈壯快한 擧動이라도 또한 雷電같이 收束하는도다

朝鮮 안에 强盜 日本의 製造한 革命原因이 산같이 싸히엇다 언제든지 民衆의 暴力的 革命이 開始되야 『獨立을 못하면 살지 않으리라』『日本을 驅逐하지 못하면 물너서지 않으리라』는 口號를 갖이고 繼續 前進하면 目的을 貫澈하고야 말지니 이는 警察의 칼이나 軍隊의 총이나 奸猾한 政治家의 手段으로도 막지 못하리라

革命의 記錄은 自然히 慘絶壯絶한 記錄이 되리라 그렇나 물너서면 그 後面에는 黑暗한 陷穽이오 나아가면 그 前面에는 光明한 活路니 우리 朝鮮民族은 그 慘絶壯絶한 記錄을 그리면서 나

아갈 뿐이니라

이제 暴力 – 暗殺·破壞·暴動 – 의 目的物을 大略 列擧하건대

一. 朝鮮總督及各官公吏

二. 日本天皇及各官公吏

三. 偵探奴·賣國賊

四. 敵의 一切 施設物

此外에 各 地方의 紳士나 富豪가 비록 顯著이 革命運動을 妨害한 罪가 없을지라도 만일 言或行動으로 우리의 運動을 緩和하고 中傷하는 者는 우리의 暴力으로써 對付할지니라 日本人 移住民은 日本 强盜政治의 機械가 되야 朝鮮民族의 生存을 威脅하는 先鋒이 되야 있은즉 또한 우리의 暴力으로 驅逐할지니라

五

革命의 길은 破壞부터 開拓할지니라 그렇나 破壞만 하랴고 破壞하는 것이 아니라 建設하랴고 破壞하는 것이니 만일 建設할 줄을 모르면 破壞할 줄도 모를지며 破壞할 줄을 모르면 建設할 줄도 모를지니라 建設과 破壞가 다만 形式上에서 보아 區別될 뿐이오 精神上에서는 破壞가 곳 建設이니 이를터면 우리가 日本勢力을 破壞하랴는 것이 第一은 異族統治를 破壞하자 함이다 웨?

『朝鮮』이란 그 위에 『日本』이란 異族 그것이 專制하야 있으니 異族 專制의 밑에 있는 朝鮮은 固有的 朝鮮이 아니니 固有的 朝鮮을 發見하기 위하야 異族統治를 破壞함이니라 第二는 特權階級을 破壞하자 함이다 웨? 『朝鮮民衆』이란 그 위에 總督이니 무엇이니 하는 强盜團의 特權階級이 壓迫하야 있으니 特權階級의 壓迫 밑에 있는 朝鮮民衆은 自由的 朝鮮民衆이 아니니 自由的 朝鮮民衆을 發見하기 爲하야 特權階級을 打破함이니라 第三은 經濟掠奪制度를 破壞하자 함이다 웨? 掠奪制度 밑에 있는 經濟는 民衆 自己가 生活하기 爲하야 組織한 經濟가 아니오 곳 民衆을 잡아먹으려는 强盜의 살을 찌우기 爲하야 組織한 經濟니 民衆生活을 發展하기 爲하야 經濟 掠奪制度를 破壞함이니라 第四는 社會的 不平均을 破壞하자 함이다 웨? 弱者 以上에 强者가 있고 賤者以上에 貴者가 있어 모든 不平均을 갖인 社會는 서로 掠奪 서로 剝削 서로 嫉妬仇視하는 社會가 되야 처음에는 少數의 幸福을 爲하야 多數의 民衆을 殘害하다가 末境에는 또 少數끼리 서로 殘害아야 民衆 全體의 幸福이 畢竟 數字上의 空이 되고 말 뿐이니 民衆 全體의 幸福을 增進하기 爲하야 社會的 不平均을 破壞함이니라 第五는 奴隷的 文化思想을 破壞하자 함이다 웨? 遺來하던 文化思想의 宗敎·倫理·文學·美術·風俗·習慣 그 어느 무엇이 强者가 製造하야 强者를 擁護하던 것이 아니더냐? 强者의 娛樂에 供給하던 諸具가 아니더냐? 一般 民衆을 奴隷化케 하던 痲醉劑

가 아니더냐? 少數 階級은 强者가 되고 多數 民衆은 돌이어 弱者
가 되야 不義의 壓制를 反抗치 못함은 專혀 奴隸的 文化思想의
束縛을 받은 까닭이니 만일 民衆的 文化를 提唱하야 그 束縛의
鐵鎖를 끊지 아니하면 一般 民衆은 權利思想이 薄弱하며 自由 向
上의 興味가 缺乏하야 奴隸의 運命 속에서 輪迴할 뿐이라 그렇
므로 民衆文化를 提唱하기 爲하야 奴隸的 文化思想을 破壞함이
니라 다시 말하자면 『固有的 朝鮮의』 『自由的 朝鮮民衆의』 『民衆
的 經濟의』 『民衆的 社會의』 『民衆的 文化의』朝鮮을 『建設』하기
爲하야 『異族統治의』 『掠奪制度의』 『社會的 不平均의』 『奴隸的
文化思想의』 現像을 打破함이니라 그런즉 破壞的 精神이 곳 建設
的 主張이라 나아가면 破壞의 『칼』이 되고 들어오면 建設의 『旗』
가 될지니 破壞할 氣魄은 없고 建設할 癡想만 있다 하면 五百年
을 經過하여도 革命의 꿈도 꾸어보지 못할지니라 이제 破壞와
建設이 하나이오 둘이 아닌 줄 알진대 民衆的 破壞 앞에는 반드
시 民衆的 建設이 있는 줄 알진대 現在 朝鮮民衆은 오즉 民衆的
暴力으로 新朝鮮 建設의 障礙인 强盜 日本 勢力을 破壞할 것뿐인
줄을 알진대 朝鮮民衆이 한 편이 되고 日本强盜가 한 편이 되야
네가 亡하지 아니하면 내가 亡하게 된 『외나무다리 위』에 선줄
을 알진대 우리 二千萬 民衆은 一致로 暴力 破壞의 길로 나아갈
지니라

　　民衆은 우리 革命의 大本營이다

暴力은 우리 革命의 惟一 武器이다

우리는 民衆 속에 가서 民衆과 携手하야

不絶하는 暴力 - 暗殺·破壞·暴動으로써

强盜 日本의 統治를 打倒하고

우리 生活에 不合理한 一切 制度를 改造하야

人類로써 人類를 壓迫지 못하며

社會로써 社會를 剝削지 못하는

理想的 朝鮮을 建設할지니라

四千二百五十六年一月 日

義 烈 團

한글 병기본

朝鮮革命宣言(조선혁명선언)*

一(일)

　　强盜(강도) 日本(일본)이 우리의 國號(국호)를 없이 하며 우리의 政權(정권)을 빼앗으며 우리의 生存的(생존적) 必要條件(필요조건)을 다 剝奪(박탈)하엿다 經濟(경제)의 生命(생명)인 山林(산림)·川澤(천택)·鐵道(철도)·礦山(광산)·漁場(어장) ······ 乃至(내지) 小工業(소공업) 原料(원료)까지 다 빼앗어 一切(일체)의 生産機能(생산 기능)을 칼로 버이며 독기로 끊고 土地稅(토지세)·家屋稅(가옥세)·人

* 국사편찬위원회 소장 영인본 참조

口稅(인구세) · 家畜稅(가축세) · 百一稅(백일세) · 地方稅(지방세) · 酒草稅(주초세) · 肥料稅(비료세) · 種子稅(종자세) · 營業稅(영업세) · 淸潔稅(청결세) · 所得稅(소득세)······其他(기타) 各種(각종) 雜稅(잡세)가 逐日增加(축일증가)하야 血液(혈액)은 있는 대로 다 빨아가고 如干商業家(여간상업가)들은 日本(일본)의 製造品(제조품)을 朝鮮人(조선인)에게 媒介(매개)하는 中間人(중간인)이 되야 차차 資本集中(자본집중)의 原則(원칙) 下(하)에서 滅亡(멸망)할 뿐이오 大多數(대다수) 人民(인민) 곳 一般 農民(일반 농민)들은 피땀을 흘니어 土地(토지)를 갈아 그 終年所得(종년 소득)으로 一身(일신)과 妻子(처자)의 糊口(호구) 거리도 남기지 못하고 우리를 잡아먹으라는 日本(일본) 强盜(강도)에게 進供(진공)하야 그 살을 찌워주는 永世(영세)의 牛馬(우마)가 될 뿐이오 乃終(내종)에는 그 牛馬(우마)의 生活(생활)도 못하게 日本(일본) 移民(이민)의 輸入(수입)이 年年高度(연년고도)의 速率(속률)로 增加(증가)하야 『딸깍발이』 등살에 우리 民族(민족)은 발 드딀 땅이 없어 山(산)으로 물로 西間島(서간도)로 北間島(북간도)로 西比利亞(서비리아)의 荒野(황야)로 몰니어가 餓鬼(아귀)부터 流鬼(유귀)가 될 뿐이며

　　强盜(강도) 日本(일본)이 憲兵政治(헌병 정치) · 警察政治(경찰 정치)를 勵行(여행)하야 우리 民族(민족)이 寸步(촌보)의 行動(행동)도 任意(임의)로 못하고 言論(언론) · 出版(출판) · 結社(결사) · 集會(집회)의 一切(일체) 自由(자유)가 없어 苦痛(고통)과 憤恨(분한)이 있으면 벙

어리의 가슴이나 만질 뿐이오 幸福(행복)과 自由(자유)의 世界(세계)에는 눈뜬 소경이 되고 子女(자녀)가 나면 『日語(일어)를 國語(국어)라 日文(일문)을 國文(국문)이라』하는 奴隷養成所(노예 양성소) - 學校(학교)로 보내고 朝鮮(조선) 사람으로 惑(혹) 朝鮮歷史(조선 역사)를 읽게 된다 하면 『檀君(단군)을 誣(무)하야 素戔嗚尊(소잔명존)의 兄弟(형제)』라 하며 『三韓時代(삼한 시대) 漢江(한강) 以南(이남)을 日本(일본) 領地(영지)라』한 日本(일본)놈들의 적은 대로 읽게 되며 新聞(신문)이나 雜誌(잡지)를 본다 하면 强盜政治(강도 정치)를 讚美(찬미)하는 半日本化(반일본화)한 奴隷的(노예적) 文字(문자)뿐이며 똑똑한 子弟(자제)가 난다 하면 環境(환경)의 壓迫(압박)에서 厭世絶望(염세 절망)의 墮落者(타락자)가 되거나 그렇지 않으면 『陰謀事件(음모 사건)』의 名稱(명칭) 下(하)에 監獄(감옥)에 拘留(구류)되야 周牢(주뢰) · 伽鎖(가쇄) · 단근질 · 챗직질 · 電氣(전기)질 · 바늘로 손톱 밑 · 발톱 밑을 쑤시는 · 手足(수족)을 달아매는 · 코구멍에 물 붓는 · 生殖器(생식기)에 심지를 박는 모든 惡刑(악형) 곳 野蠻(야만) 專制國(전제국)의 刑律辭典(형률 사전)에도 없는 가진 惡刑(악형)을 다 당하고 죽거나 僥倖(요행)히 살아 獄門(옥문)에서 나온대야 終身(종신) 不具(불구)의 廢疾者(폐질자)가 될 뿐이라 그렇지 않을지라도 發明(발명) 創作(창작)의 本能(본능)은 生活(생활)의 困難(곤난)에서 斷絶(단절)하며 進取活潑(진취 활발)의 氣象(기상)은 境遇(경우)의 壓迫(압박)에서 消滅(소멸)되야 『찍도 쩍도』못하게 各(각) 方面(방면)의 束縛(속박)·鞭笞(편태)·驅迫(구박)·壓制(압제)를 받아 環海(환해) 三千里(삼천리)가 一個(일개) 大監獄(대감옥)이 되야 우리 民族(민족)은 아조 人類(인류)의 自覺(자각)을 잃을 뿐 아니라 곳 自動的(자동적) 本能(본능)까지 잃어 奴隸(노예)부터 機械(기계)가 되야 强盜(강도) 手中(수중)의 使用品(사용품)이 되고 말 뿐이며

　强盜(강도) 日本(일본)이 우리의 生命(생명)을 草芥(초개)로 보아 乙巳(을사) 以後(이후) 十三道(십삼도)의 義兵(의병)나던 各(각) 地方(지방)에서 日本軍隊(일본 군대)의 行(행)한 暴行(폭행)도 이로 다 적을 수 없거니와 卽(즉) 最近(최근) 三一運動(삼일 운동) 以後(이후) 水源(수원)·宣川(선천) ······ 等(등)의 國內(국내) 各地(각지)부터 北間島(북간도)·西間島(서간도)·露領沿海州(노령 연해주) 各處(각처)까지 到處(도처)에 居民(거민)을 屠戮(도륙)한다 村落(촌락)을 燒火(소화)한다 財産(재산)을 掠奪(약탈)한다 婦女(부녀)를 汚辱(오욕)한다 목을 끊는다 산 채로 뭇는다 불에 살은다 或(혹) 一身(일신)을 두 동가리 세 동가리에 내어 죽인다 兒童(아동)을 惡刑(악형)한다 婦女(부녀)의 生殖器(생식기)를 破壞(파괴)한다 하야 할 수 있는 대까지 慘酷(참혹)한 手段(수단)을 쓰어서 恐怖(공포)와 戰慄(전율)로 우리 民族(민족)을 壓迫(압박)하야 人間(인간)의『산송장』을 맨들랴 하는도다

　以上(이상)의 事實(사실)에 據(거)하야 우리는 日本(일본) 强盜政治(강도 정치) 곳 異族統治(이족 통치)가 우리 朝鮮民族(조선 민족) 生

存(생존)의 敵(적)임을 宣言(선언)하는 同時(동시)에 우리는 革命手段(혁명 수단)으로 우리 生存(생존)의 敵(적)인 强盜(강도) 日本(일본)을 殺伐(살벌)함이 곳 우리의 正當(정당)한 手段(수단)임을 宣言(선언)하노라

二(이)

內政獨立(내정 독립)이나 參政權(참정권)이나 自治(자치)를 運動(운동)하는 者(자) − 누구이냐?

너희들이 『東洋平和(동양 평화)』『韓國獨立保存(한국 독립 보존)』等(등)을 擔保(담보)한 盟約(맹약)이 墨(묵)도 말으지 아니하야 三千里疆土(삼천리 강토)를 집어먹던 歷史(역사)를 잊엇느냐? 『朝鮮人民生命(조선 인민 생명) 財産(재산) 自由(자유) 保護(보호)』『朝鮮人民(조선 인민) 幸福增進(행복 증진)』等(등)을 申明(신명)한 宣言(선언)이 땅에 떠러지지 아니하야 二千萬(이천만)의 生命(생명)이 地獄(지옥)에 빠지던 實際(실제)를 못 보느냐? 三一運動(삼일 운동) 以後(이후)에 强盜(강도) 日本(일본)이 또 우리의 獨立運動(독립운동)을 緩和(완화)식히랴고 宋秉畯(송병준)·閔元植(민원식) 等(등) 一二(일이) 賣國奴(매국노)를 식히어 이따위 狂論(광론)을 부름이니 이에 附和(부화)하는 者(자) − 盲人(맹인)이 아니면 어찌 奸賊(간적)이 아니냐?

設或(설혹) 强盜(강도) 日本(일본)이 果然(과연) 寬大(관대)한 度量(도량)이 있어 慨然(개연)히 此等(차등)의 要求(요구)를 許諾(허락)한다 하자 所謂(소위) 內政獨立(내정 독립)을 찾고 各種(각종) 利權(이권)을 찾지 못하면 朝鮮民族(조선 민족)은 一般(일반)의 餓鬼(아귀)가 될 뿐이 아니냐? 參政權(참정권)을 獲得(획득)한다 하자 自國(자국)의 無産階級(무산 계급)의 血液(혈액)까지 搾取(착취)하는 資本主義(자본주의) 强盜國(강도국)의 植民地(식민지) 人民(인민)이 되야 幾個(기개) 奴隷代議士(노예 대의사)의 選出(선출)로 어찌 餓死(아사)의 禍(화)를 救(구)하겠느냐? 自治(자치)를 얻는다 하자 그 何種(하종)의 自治(자치)임을 勿問(물문)하고 日本(일본)이 그 强盜的(강도적) 侵略主義(침략주의)의 招牌(초패)인 『帝國(제국)』이란 名稱(명칭)이 存在(존재)한 以上(이상)에는 그 附屬(부속) 下(하)에 있는 朝鮮人民(조선 인민)이 어찌 區區(구구)한 自治(자치)의 虛名(허명)으로써 民族的(민족적) 生存(생존)을 維持(유지)하겠느냐?

設或(설혹) 强盜(강도) 日本(일본)이 突然(돌연)히 佛菩薩(불보살)이 되야 一朝(일조)에 總督府(총독부)를 撤廢(철폐)하고 各種(각종) 利權(이권)을 다 우리에게 還付(환부)하며 內政(내정) 外交(외교)를 다 우리의 自由(자유)에 맡기고 日本(일본)의 軍隊(군대)와 警察(경찰)을 一時(일시)에 撤還(철환)하며 日本(일본)의 移住民(이주민)을 一時(일시)에 召還(소환)하고 다만 虛名(허명)의 宗主權(종주권)만 갖인다 할지라도 우리가 萬一(만일) 過去(과거)의 記憶(기억)이 全滅(전멸)하

지 아니하얏다 하면 日本(일본)을 宗主國(종주국)으로 奉戴(봉대)한
다 함이 『恥辱(치욕)』이란 名詞(명사)를 아는 人類(인류)로는 못할지
니라

　日本(일본) 强盜政治(강도 정치) 下(하)에서 文化運動(문화 운동)을
부르는 者(자) - 누구이냐? 文化(문화)는 産業(산업)과 文物(문물)의
發達(발달)한 總積(총적)을 가르키는 名詞(명사)니 經濟掠奪(경제 약
탈)의 制度(제도) 下(하)에서 生存權(생존권)이 剝奪(박탈)된 民族(민
족)은 그 種族(종족)의 保全(보전)도 疑問(의문)이거든 하믈며 文化
發展(문화 발전)의 可能(가능)이 있으랴? 衰亡(쇠망)한 印度族(인도
족)·猶太族(유태족)도 文化(문화)가 있다 하지만 一(일)은 金錢(금전)
의 力(역)으로 그 祖先(조선)의 宗敎的(종교적) 遺業(유업)을 繼續(계
속)함이며 一(일)은 그 土地(토지)의 廣(광)과 人口(인구)의 衆(중)으
로 上古(상고)의 自由發達(자유 발달)한 餘澤(여택)을 保守(보수)함이
니 어대 蚊蝱(문맹)같이 豺狼(시랑)같이 人血(인혈)을 빨다가 骨髓
(골수)까지 깨무는 强盜(강도) 日本(일본)의 입에 물닌 朝鮮(조선)같
은대서 文化(문화)를 發展(발전) 或(혹) 保守(보수)한 前例(전례)가 있
던냐? 檢閱(검열)·押收(압수) 모든 壓迫(압박) 中(중)에 幾個(기개) 新
聞(신문) 雜誌(잡지)를 갖이고 『文化運動(문화 운동)』의 木鐸(목탁)으
로 自鳴(자명)하며 强盜(강도)의 脾胃(비위)에 거슬이지 아니할 만
한 言論(언론)이나 主唱(주창)하야 이것을 文化發展(문화 발전)의 過
程(과정)으로 본다 하면 그 文化發展(문화 발전)이 돌이어 朝鮮(조

선)의 不幸(불행)인가 하노라

以上(이상)의 理由(이유)에 據(거)하야 우리는 우리의 生存(생존)의 敵(적)인 强盜(강도) 日本(일본)과 妥協(타협)하랴는 者(자) 內政獨立(내정 독립)·自治(자치)·參政權等論者(참정권 등 론자)나 强盜政治(강도 정치) 下(하)에서 奇生(기생)하랴는 主義(주의)를 갖인 者(자) 文化運動者(문화 운동자)나 다 우리의 敵(적)임을 宣言(선언)하노라

三(삼)

强盜(강도) 日本(일본)의 驅逐(구축)을 主張(주장)하는 가운대 또 如左(여좌)한 論者(논자)들이 있으니

第一(제일)은 外交論(외교론)이니 李朝(이조) 五百年(ㅇ백년) 文弱政治(문약 정치)가 『外交(외교)』로써 護國(호국)의 長策(장책)을 삼아 더욱 그 末世(말세)에 尤甚(우심)하야 甲申(갑신) 以來(이래) 維新黨(유신당)·守舊黨(수구당)의 盛衰(성쇠)가 거의 外援(외원)의 有無(유무)에서 判決(판결)되며 爲政者(위정자)의 政策(정책)은 오직 甲國(갑국)을 引(인)하야 乙國(을국)을 制(제)하매 不過(불과)하얏고 그 依賴(의뢰)의 習性(습성)이 一般(일반) 政治社會(정치 사회)에 傳染(전염)되야 卽(즉) 甲午(갑오) 甲辰(갑진) 兩(양) 戰役(전역)에 日本(일본)이 累十萬(누십만)의 生命(생명)과 累億萬(누억만)의 財産(재산)을 犧

牲(희생)하야 淸露(청로) 兩國(양국)을 물니고 朝鮮(조선)에 對(대)하야 强盜的(강도적) 侵略主義(침략주의)를 貫徹(관철)하랴 하는데 우리 朝鮮(조선)의 『祖國(조국)을 사랑한다 民族(민족)을 건지랴 한다』 하는 이들은 一劍一彈(일검 일탄)으로 昏庸貪暴(혼용 탐포)한 官吏(관리)나 國賊(국적)에게 던지지 못하고 公函(공함)이나 列國公館(열국 공관)에 던지며 長書(장서)나 日本政府(일본 정부)에 보내야 國勢(국세)의 孤弱(고약)을 哀訴(애소)하야 國家存亡(국가 존망)·民族死活(민족 사활)의 大問題(대문제)를 外國人(외국인)·甚至於(심지어) 敵國人(적국인)의 處分(처분)으로 決定(결정)하기만 기다리엇도다 그래서 『乙巳條約(을사조약)』『庚戌合倂(경술합병)』 곳 『朝鮮(조선)』이란 일홈이 생긴 뒤 몃 千年(천년)만의 처음 當(당)하던 恥辱(치욕)에 朝鮮民族(조선 민족)의 憤怒的(분노적) 表示(표시)가 겨우 哈爾濱(합이빈)의 총·種峴(종현)의 칼·山林儒生(산림 유생)의 義兵(의병)이 되고 말엇도다 아! 過去(과거) 數十年(수천년) 歷史(역사)야말로 勇者(용자)로 보면 唾罵(타매)할 歷史(역사)가 될 뿐이며 仁者(인자)로 보면 傷心(상심)할 歷史(역사)가 될 뿐이다 그리고도 國亡(망국) 以後(이후) 海外(해외)로 나아가는 某某(모모) 志士(지사)들의 思想(사상)이 무엇보다도 먼저 『外交(외교)』가 그 第一章(제일장) 第一條(제일조)가 되며 國內(국내) 人民(인민)의 獨立運動(독립운동)을 煽動(선동)하는 方法(방법)도 『未來(미래)의 日美戰爭(일미 전쟁)·日露戰爭(일로 전쟁) 等(등) 機會(기회)』가 거의 千篇一律(천편일률)의 文章(문장)이엇섯고 最近(최근) 三一運動(삼일 운동)에 一般人士(일반 인사)의 『平和會義(평화 회의)·國際聯盟(국제 연맹)』에 對(대)한 過信(과신)의 宣傳(선전)이 돌이어 二千萬(이천만) 民衆(민중)의 奮勇前進(분용전진)의 意氣(의기)를 打消(타소)하는 媒介(매개)가 될 뿐이엇도다

　第二(제이)는 準備論(준비론)이니 乙巳條約(을사조약)의 當時(당시)에 列國公館(열국 공관)에 비발덧듯하던 조희쪽으로 넘어가는 國權(국권)을 붓잡지 못하며 丁未年(정미년)의 海牙密使(해아 밀사)도 獨立恢復(독립 회복)의 福音(복음)을 안고 오지 못하매 이에 차차 外交(외교)에 對(대)하야 疑問(의문)이 되고 戰爭(전쟁) 아니면 않되겟다는 判斷(판단)이 생기엇다 그렇나 軍人(군인)도 없고 武器(무기)도 없이 무엇으로써 戰爭(전쟁)하겟느냐? 山林儒生(산림 유생)들은 春秋大義(춘추대의)에 成敗(성패)를 不計(불계)하고 義兵(의병)을 募集(모집)하야 峨冠大衣(아관 대의)로 指揮(지휘)의 大將(대장)이 되며 산양 砲手(포수)의 火繩隊(화승대)를 몰아갓이고 朝日戰爭(조일 전쟁)의 戰鬪線(전투선)에 나섯지만 新聞(신문) 쪽이나 본 이들 - 곳 時勢(시세)를 斟酌(짐작)한다는 이들은 그리할 勇氣(용기)가 아니 난다 이에 『今日(금일) 今時(금시)로 곳 日本(일본)과 戰爭(전쟁)한다는 것은 妄發(망발)이다 총도 작만하고 돈도 작만하고 大砲(대포)도 작만하고 將官(장관)이나 士卒(사졸)가음까지라도 다 작만한 뒤에야 日本(일본)과 戰爭(전쟁)한다』 함이니 이것이 이른바 準備論(준비론) 곳 獨立戰爭(독립 전쟁)을 準備(준비)하자 함이다

外勢(외세)의 侵入(침입)이 더할사록 우리의 不足(부족)한 것이 작구 感覺(감각)되야 그 準備論(준비론)의 範圍(범위)가 戰爭(전쟁) 以外(이외)까지 擴張(확장)되야 教育(교육)도 振興(진흥)하야겟다 商工業(상공업)도 發展(발전)하야겟다 其他(기타) 무엇무엇 一切(일체)가 모다 準備論(준비론)의 部分(부분)이 되얏섯다 庚戌(경술) 以後(이후) 各(각) 志士(지사)들이 或(혹) 西北間島(서북간도)의 森林(삼림)을 더듬으며 或(혹) 西比利亞(서비리아)의 찬바람에 배부르며 或(혹) 南北京(남북경)으로 돌아단이며 或(혹) 美洲(미주)나 『하와이』로 들어가며 或(혹) 京鄕(경향)에 出沒(출몰)하야 十餘星霜內外(십여 성상 내외) 各地(각지)에서 목이 텃일만치 準備(준비)! 準備(준비)!를 불넛지만 그 所得(소득)이 멫개 不完全(불완전)한 學校(학교)와 實力(실력)없는 會(회)뿐이엇섯다 그렇나 그들의 誠力(성력)의 不足(부족)이 아니라 實(실)은 그 主張(주장)의 錯誤(착오)이다 强盜(강도) 日本(일본)이 政治經濟(정치 경제) 兩(양) 方面(방면)으로 驅迫(구박)을 주어 經濟(경제)가 날로 困難(곤난)하고 生産機關(생산 기관)이 全部(전부) 剝奪(박탈)되야 衣食(의식)의 方策(방책)도 斷絶(단절)되는 때에 무엇으로? 어떻게? 實業(실업)을 發展(발전)하며? 教育(교육)을 擴張(확장)하며 더구나 어대서? 얼마나? 軍人(군인)을 養成(양성)하며? 養成(양성)한들 日本戰鬪力(일본 전투력)의 百分之一(백분지일)의 比較(비교)라도 되게 할 수 있느냐? 實(실)로 一場(일장)의 잠고대가 될 뿐이로다

以上(이상)의 理由(이유)에 依(의)하야 우리는 『外交(외교)』『準備 (준비)』等(등)의 迷夢(미몽)을 바리고 民衆(민중) 直接革命(직접 혁명) 의 手段(수단)을 取(취)함을 宣言(선언)하노라

四(사)

朝鮮民族(조선 민족)의 生存(생존)을 維持(유지)하자면 强盜(강도) 日本(일본)을 驅逐(구축)할지며 强盜(강도) 日本(일본)을 驅逐(구축)하 자면 오즉 革命(혁명)으로써 할 뿐이니 革命(혁명)이 아니고는 强 盜(강도) 日本(일본)을 驅逐(구축)할 方法(방법)이 없는 바이다

그렇나 우리가 革命(혁명)에 從事(종사)하랴면 어느 方面(방면) 부터 着手(착수)하겟나뇨?

舊時代(구시대)의 革命(혁명)으로 말하면 人民(인민)은 國家(국가) 의 奴隸(노예)가 되고 그 以上(이상)에 人民(인민)을 支配(지배)하는 上典(상전) 곳 特殊勢力(특수 세력)이 있어 그 所謂(소위) 革命(혁명) 이란 것은 特殊勢力(특수 세력)의 名稱(명칭)을 變更(변경)함에 不過 (불과)하얏다 다시 말하자면 곳 『乙(을)』의 特殊勢力(특수 세력)으 로 『甲(갑)』의 特殊勢力(특수 세력)을 變更(변경)함에 不過(불과)하얏 다 그렇므로 人民(인민)은 革命(혁명)에 對(대)하야 다만 甲乙(갑을) 兩(양) 勢力(세력) 곳 新舊(신구) 兩(양) 上典(상전)의 孰仁(숙인)·孰暴

(숙포)·孰善(숙선)·孰惡(숙악)을 보아 그 向背(향배)를 定(정)할 뿐이오 直接(직접)의 關係(관계)가 없엇다 그리하야 『誅其君而弔其民(주기군이 조기민)』이 革命(혁명)의 惟一宗旨(유일 종지)가 되고 『簞食壺漿以迎王師(단사호장 이영왕사)』가 革命史(혁명사)의 惟一美談(유일 미담)이 되엿섯거니와 今日(금일) 革命(혁명)으로 말하면 民衆(민중)이 곳 民衆(민중) 自己(자기)를 爲(위)하야 하는 革命(혁명)인 故(고)로 『民衆革命(민중 혁명)』이라 『直接革命(직접 혁명)』이라 稱(칭)함이며 民衆(민중) 直接(직접)의 革命(혁명)인 故(고)로 그 沸騰澎漲(비등 팽창)의 熱度(열도)가 數字上(숫자상) 强弱(강약) 比較(비교)의 觀念(관념)을 打破(타파)하며 그 結果(결과)의 成敗(성패)가 매양 戰爭學上(전쟁학상)의 定軌(정궤)에 逸出(일출)하야 無錢無兵(무전 무병)한 民衆(민중)으로 百萬(백만)의 軍隊(군대)와 億萬(억만)의 富力(부력)을 갖인 帝王(제왕)도 打倒(타도)하며 外寇(외구)도 驅逐(구축)하나니 그렇므로 우리 革命(혁명)의 第一步(제일보)는 民衆覺悟(민중 각오)의 要求(요구)니라

民衆(민중)이 어떻게 覺悟(각오)하느뇨?

民衆(민중)은 神人(신인)이나 聖人(성인)이나 어떤 英雄豪傑(영웅 호걸)이 있어 『民衆(민중)을 覺悟(각오)』하도록 指導(지도)하는 대서 覺悟(각오)하는 것도 아니요 『民衆(민중)아 覺悟(각오)하자』『民衆(민중)이여 覺悟(각오)하여라』 그런 熱叫(열규)의 소리에서 覺悟(각오)하는 것도 아니오

오즉 民衆(민중)이 民衆(민중)을 爲(위)하야 一切(일체) 不平(불평) 不自然(부자연) 不合理(불합리)한 民衆(민중) 向上(향상)의 障礙(장애)부터 먼저 打破(타파)함이 곳 『民衆(민중)을 覺悟(각오)케』 하는 惟一(유일) 方法(방법)이니 다시 말하자면 곳 先覺(선각)한 民衆(민중)이 民衆(민중)의 全體(전체)를 爲(위)하야 革命的(혁명적) 先驅(선구)가 됨이 民衆覺悟(민중 각오)의 第一路(제일로)니라

一般(일반) 民衆(민중)이 飢(기)·寒(한)·困(곤)·苦(고)·妻呼(처호)·兒啼(아제)·稅納(세납)의 督捧(독봉)·私債(사채)의 催促(최촉)·行動(행동)의 不自由(부자유) 모든 壓迫(압박)에 졸니어 살랴니 살 수 없고 죽으랴 하야도 죽을 바를 모르는 판에 萬一(만일) 그 壓迫(압박)의 主因(주인)되는 强盜政治(강도 정치)의 施設者(시설자)인 强盜(강도)들을 擊斃(격폐)하고 强盜(강도)의 一切(일체) 施設(시설)을 破壞(파괴)하고 福音(복음)이 四海(사해)에 傳(전)하며 萬衆(만중)이 同情(동정)의 눈물을 뿌리어 이에 人人(인인)이 그 『餓死(아사)』 以外(이외)에 오히려 革命(혁명)이란 一路(일로)가 남아 있음을 깨달아 勇者(용자)는 그 義憤(의분)에 못 이기어 弱者(약자)는 그 苦痛(고통)에 못 견대어 모다 이 길로 모아들어 繼續的(계속적)으로 進行(진행)하며 普遍的(보편적)으로 傳染(전염)하야 擧國一致(거국일치)의 大革命(대혁명)이 되면 奸猾殘暴(간활 잔폭)한 强盜(강도) 日本(일본)이 必竟(필경) 驅逐(구축)되는 날이라 그렇므로 우리의 民衆(민중)을 喚醒(환성)하야 强盜(강도)의 統治(통치)를 打倒(타도)하고 우리

民族(민족)의 新生命(신생명)을 開拓(개척)하자면 養兵(양병) 十萬(십만)이 一擲(일척)의 炸彈(작탄)만 못하며 億千張(억천장) 新聞雜誌(신문 잡지)가 一回(일회)의 暴動(폭동)만 못할 지니라

民衆(민중)의 暴力的(폭력적) 革命(혁명)이 發生(발생)치 아니하면 已(이)어니와 이미 發生(발생)한 以上(이상)에는 마치 懸崖(현애)에서 굴니는 돍과 같하야 目的地(목적지)에 到達(도달)하지 아니하면 停止(정지)하지 않는 것이라 우리 已往(이왕)의 經過(경과)로 말하면 甲申政變(갑신정변)은 特殊勢力(특수 세력)이 特殊勢力(특수 세력)과 싸우던 宮中(궁중) 一時(일시)의 活劇(활극)이 될 뿐이며 庚戌(경술) 前後(전후)의 義兵(의병)들은 忠君愛國(충군애국)의 大義(대의)로 激起(격기)한 讀書階級(독서 계급)의 思想(사상)이며 安重根(안중근)·李在明(이재명) 等(등) 烈士(열사)의 暴力的(폭력적) 行動(행동)이 熱烈(열렬)하얏지만 그 後面(후면)에 民衆的(민중적) 力量(역량)의 基礎(기초)가 없엇으며 三一運動(삼일 운동)의 萬歲(만세)소리에 民衆的(민중적) 一致(일치)의 意氣(의기)가 瞥現(별현)하엿지만 또한 暴力的(폭력적) 中心(중심)을 갖이지 못하엿도다 『民衆(민중)·暴力(폭력)』 兩者(양자)의 其一(기일)만 빠지면 비록 轟烈壯快(굉렬 장쾌)한 擧動(거동)이라도 또한 雷電(뇌전)같이 收束(수속)하는도다

朝鮮(조선) 안에 强盜(강도) 日本(일본)의 製造(제조)한 革命原因(혁명 원인)이 산같이 싸히엇다 언제든지 民衆(민중)의 暴力的(폭력적) 革命(혁명)이 開始(개시)되야 『獨立(독립)을 못하면 살지 않으리

라』『日本(일본)을 驅逐(구축)하지 못하면 물너서지 않으리라』는 口號(구호)를 갖이고 繼續 前進(계속 전진)하면 目的(목적)을 貫澈(관철)하고야 말지니 이는 警察(경찰)의 칼이나 軍隊(군대)의 총이나 奸猾(간활)한 政治家(정치가)의 手段(수단)으로도 막지 못하리라

革命(혁명)의 記錄(기록)은 自然(자연)히 慘絶壯絶(참절 장절)한 記錄(기록)이 되리라 그렇나 물너서면 그 後面(후면)에는 黑暗(흑암)한 陷穽(함정)이오 나아가면 그 前面(전면)에는 光明(광명)한 活路(활로)니 우리 朝鮮民族(조선 민족)은 그 慘絶壯絶(참절 장절)한 記錄(기록)을 그리면서 나아갈 뿐이니라

이제 暴力(폭력) - 暗殺(암살)·破壞(파괴)·暴動(폭동) - 의 目的物(목적물)을 大略(대략) 列擧(열거)하건대

一(일). 朝鮮總督及各官公吏(조선 총독급 각관 공리)

二(이). 日本天皇及各官公吏(일본 천황급 각관 공리)

三(삼). 偵探奴(정탐노)·賣國賊(매국적)

四(사). 敵(적)의 一切(일체) 施設物(시설물)

此外(차외)에 各(각) 地方(지방)의 紳士(신사)나 富豪(부호)가 비록 顯著(현저)이 革命運動(혁명 운동)을 妨害(방해)한 罪(죄)가 없을지라도 만일 言語或行動(언어 혹 행동)으로 우리의 運動(운동)을 緩和(완화)하고 中傷(중상)하는 者(자)는 우리의 暴力(폭력)으로써 對付(대부)할지니라 日本人(일본인) 移住民(이주민)은 日本(일본) 强盜政治(강도 정치)의 機械(기계)가 되야 朝鮮民族(조선 민족)의 生存(생존)을

威脅(위협)하는 先鋒(선봉)이 되야 있은즉 또한 우리의 暴力(폭력)으로 驅逐(구축)할지니라

五(오)

革命(혁명)의 길은 破壞(파괴)부터 開拓(개척)할지니라 그렇나 破壞(파괴)만 하랴고 破壞(파괴)하는 것이 아니라 建設(건설)하랴고 破壞(파괴)하는 것이니 만일 建設(건설)할 줄을 모르면 破壞(파괴)할 줄도 모를지며 破壞(파괴)할 줄을 모르면 建設(건설)할 줄도 모를지니라 建設(건설)과 破壞(파괴)가 다만 形式上(형식상)에서 보아 區別(구별)될 뿐이오 精神上(정신상)에서는 破壞(파괴)가 곳 建設(건설)이니 이를터면 우리가 日本勢力(일본 세력)을 破壞(파괴)하랴는 것이 第一(제일)은 異族統治(이족 통치)를 破壞(파괴)하자 함이다 왜?『朝鮮(조선)』이란 그 위에『日本(일본)』이란 異族(이족) 그것이 專制(전제)하야 있으니 異族(이족) 專制(전제)의 밑에 있는 朝鮮(조선)은 固有的(고유적) 朝鮮(조선)이 아니니 固有的(고유적) 朝鮮(조선)을 發見(발견)하기 위하야 異族統治(이족 통치)를 破壞(파괴)함이니라 第二(제이)는 特權階級(특권 계급)을 破壞(파괴)하자 함이다 왜?『朝鮮民衆(조선 민중)』이란 그 위에 總督(총독)이니 무엇이니 하는 强盜團(강도단)의 特權階級(특권 계급)이 壓迫(압박)하야 있

으니 特權階級(특권 계급)의 壓迫(압박) 밑에 있는 朝鮮民衆(조선 민중)은 自由的(자유적) 朝鮮民衆(조선 민중)이 아니니 自由的(자유적) 朝鮮民衆(조선 민중)을 發見(발견)하기 爲(위)하야 特權階級(특권 계급)을 打破(타파)함이니라 第三(제삼)은 經濟掠奪制度(경제 약탈 제도)를 破壞(파괴)하자 함이다 웨? 掠奪制度(약탈 제도) 밑에 있는 經濟(경제)는 民衆(민중) 自己(자기)가 生活(생활)하기 爲(위)하야 組織(조직)한 經濟(경제)가 아니오 곳 民衆(민중)을 잡아먹으랴는 强盜(강도)의 살을 찌우기 爲(위)하야 組織(조직)한 經濟(경제)니 民衆生活(민중 생활)을 發展(발전)하기 爲(위)하야 經濟(경제) 掠奪制度(약탈 제도)를 破壞(파괴)함이니라 第四(제사)는 社會的(사회적) 不平均(불평균)을 破壞(파괴)하자 함이다 웨? 弱者(약자) 以上(이상)에 强者(강자)가 있고 賤者(천자) 以上(이상)에 貴者(귀자)가 있어 모든 不平均(불평균)을 갖인 社會(사회)는 서로 掠奪(약탈) 서로 剝削(박삭) 서로 嫉妬仇視(질투 구시)하는 社會(사회)가 되야 처음에는 少數(소수)의 幸福(행복)을 爲(위)하야 多數(다수)의 民衆(민중)을 殘害(잔해)하다가 末境(말경)에는 또 少數(소수)끼리 서로 殘害(잔해)하야 民衆(민중) 全體(전체)의 幸福(행복)이 畢竟(필경) 數字上(숫자상)의 空(공)이 되고 말 뿐이니 民衆(민중) 全體(전체)의 幸福(행복)을 增進(증진)하기 爲(위)하야 社會的(사회적) 不平均(불평균)을 破壞(파괴)함이니라 第五(제오)는 奴隸的(노예적) 文化思想(문화 사상)을 破壞(파괴)하자 함이다 웨? 遺來(유래)하던 文化思想(문화 사상)의 宗敎(종교)·倫

理(윤리)·文學(문학)·美術(미술)·風俗(풍속)·習慣(습관) 그 어느 무엇이 強者(강자)가 製造(제조)하야 強者(강자)를 擁護(옹호)하던 것이 아니더냐? 強者(강자)의 娛樂(오락)에 供給(공급)하던 諸具(제구)가 아니더냐? 一般(일반) 民衆(민중)을 奴隸化(노예화)케 하던 痲醉劑(마취제)가 아니더냐? 少數(소수) 階級(계급)은 強者(강자)가 되고 多數(다수) 民衆(민중)은 돌이어 弱者(약자)가 되야 不義(불의)의 壓制(압제)를 反抗(반항)치 못함은 專(전)혀 奴隸的(노예적) 文化思想(문화 사상)의 束縛(속박)을 받은 까닭이니 만일 民衆的(민중적) 文化(문화)를 提唱(제창)하야 그 束縛(속박)의 鐵鎖(철쇄)를 끊지 아니하면 一般(일반) 民衆(민중)은 權利思想(권리 사상)이 薄弱(박약)하며 自由 向上(자유 향상)의 興味(흥미)가 缺乏(결핍)하야 奴隸(노예)의 運命(운명) 속에서 輪廻(윤회)할 뿐이라 그렇므로 民衆文化(민중 문화)를 提唱(제창)하기 爲(위)하야 奴隸的(노예적) 文化思想(문화 사상)을 破壞(파괴)함이니라 다시 말하자면 『固有的(고유적) 朝鮮(조선)의』『自由的(자유적) 朝鮮民衆(조선 민중)의』『民衆的(민중적) 經濟(경제)의』『民衆的(민중적) 社會(사회)의』『民衆的(민중적) 文化(문화)의』 朝鮮(조선)을 『建設(건설)』하기 爲(위)하야『異族統治(이족 통치)의』『掠奪制度(약탈 제도)의』『社會的(사회적) 不平均(불평균)의』『奴隸的(노예적) 文化思想(문화 사상)의』現像(현상)을 打破(타파)함이니라 그런즉 破壞的(파괴적) 精神(정신)이 곳 建設的(건설적) 主張(주장)이라 나아가면 破壞(파괴)의 『칼』이 되고 들어오면 建設(건설)의 『旗

(기)』가 될지니 破壞(파괴)할 氣魄(기백)은 없고 建設(건설)할 癡想(치상)만 있다 하면 五百年(오백년)을 經過(경과)하여도 革命(혁명)의 꿈도 꾸어보지 못할지니라 이제 破壞(파괴)와 建設(건설)이 하나이오 둘이 아닌 줄 알진대 民衆的(민중적) 破壞(파괴) 앞에는 반드시 民衆的(민중적) 建設(건설)이 있는 줄 알진대 現在(현재) 朝鮮民衆(조선 민중)은 오즉 民衆的(민중적) 暴力(폭력)으로 新朝鮮(신조선) 建設(건설)의 障礙(장애)인 强盜(강도) 日本(일본) 勢力(세력)을 破壞(파괴)할 것뿐인 줄을 알진대 朝鮮民衆(조선 민중)이 한 편이 되고 日本强盜(일본 강도)가 한 편이 되야 네가 亡(망)하지 아니하면 내가 亡(망)하게 된『외나무다리 위』에 선줄을 알진대 우리 二千萬(이천만) 民衆(민중)은 一致(일치)로 暴力(폭력) 破壞(파괴)의 길로 나아갈 지니라

民衆(민중)은 우리 革命(혁명)의 大木營(대본영)이다

暴力(폭력)은 우리 革命(혁명)의 惟一(유일) 武器(무기)이다

우리는 民衆(민중) 속에 가서 民衆(민중)과 携手(휴수)하야

不絶(부절)하는 暴力(폭력) － 暗殺(암살)·破壞(파괴)·暴動(폭동)으로써

强盜(강도) 日本(일본)의 統治(통치)를 打倒(타도)하고

우리 生活(생활)에 不合理(불합리)한 一切(일체) 制度(제도)를 改造(개조)하야

人類(인류)로써 人類(인류)를 壓迫(압박)지 못하며 社會(사

회)로써 社會(사회)를 剝削(박삭)지 못하는

理想的(이상적) 朝鮮(조선)을 建設(건설)할지니라

四千二百五十六年一月(사천이백오십육년 일월) 日(일)

義烈團(의열단)

21세기 한글본

조선혁명선언(朝鮮革命宣言)

신채호

1

강도 일본이 우리의 국호를 없애며, 우리의 정권을 빼앗으며, 우리의 생존적 필요조건을 다 박탈하였다.

경제의 생명인 산림, 시내와 연못, 철도, 광산, 어장 …… 내지 소공업 원료까지 다 빼앗아 일체의 생산 기능을 칼로 베고 도끼로 끊고, 토지세, 가옥세, 인구세, 가축세, 시장세, 지방세, 술담배세, 비료세, 종자세, 영업세, 청결세, 소득세 …… 기타 각종 잡세가 날마다 증가하여 혈액은 있는 대로 다 빨아갔다. 어지간한 상업가들은 일본의 제조품을 조선인에게 매개하는 중개인이 되어 차차 자본 집중의 원칙 아래에서 멸망할 뿐이요, 대다수 인민 곧 일반 농민들은 피땀을 흘리며 토지를 갈아, 그 한 해의 소득으로 자기 한 몸과 처자식의 입에 풀칠할 거리도 남기지 못하고, 우리를 잡아먹으려는 일본 강도에게 갖다 바쳐 그들의 살을 찌워 주는 영원한 소와 말이 될 뿐이요, 끝내는 그 소와 말과 같은 생활도 못하게 조선에 이주하는 일본인이 해마다 급격한 비율로 증가하여 '딸깍발이' 등쌀에, 우리 민족은 발 디딜 땅이 없어 산으로 물로 서간도로 북간도로 시베리아의 황야로 몰려다니다가 굶주린 귀신으로부터 떠돌아다니는 귀신이 될 뿐이다.

강도 일본이 헌병 정치, 경찰 정치를 사납게 시행하여 우리 민족이 한 발짝도 맘대로 움직이지 못하고, 언론, 출판, 결사, 집회의 일체 자유가 없어, 고통과 분함과 한스러움이 있어도 벙어리 가슴이나 만질 뿐이요, 행복과 자유의 세계에는 눈 뜬 소경이 되고, 자녀가 나면 "일어를 국어라, 일문을 국문이라." 하는 노예 양성소(학교)로 보내고, 조선 사람으로 혹 조선 역사를 읽게 되면 "단군을 거짓으로 일본 소잔명존(스나노오 노미코토, 일본 태양신인 아마테라스 오미카미 동생으로 폭풍신으로 알려짐)의 형제"라 하며 "삼한시대 한강 이남을 일본의 땅"이라 한 일본놈들이 적은 대로 읽게 되며, 신문이나 잡지를 보면 강도 정치를 찬미하는 반일본화한 노예적 문자뿐이며, 똑똑한 자제가 태어나면 환경의 압박에서 세상을 비관하고 절망하는 타락자가 되거나 그렇지 않으면 '음모 사건'의 누명을 쓰고 감옥에 구류되어, 주리를 틀고, 목에는 칼을 발에는 쇠사슬을 채우고, 단근질과 채찍질, 전기질, 바늘로 손톱 밑과 발톱 밑을 쑤시는, 수족을 달아매는, 콧구멍에 물 붓는, 생식기에 심지를 박는 모든 악형, 곧 야만 전제국의 형률 사전에도 없는 갖은 악형을 다 당하고 죽거나, 요행히 살아서 감옥 문에서 나온다고 해도 종신 불구의 폐질자가 될 뿐이라. 그렇지 않을지라도 발명 창작의 본능은 생활의 곤란으로 인해 단절되며, 진취적이고 활발한 기상은 환경의 압박으로 인해 소멸되어 '찍도 쩍도' 못 하게 각 방면의 속박, 채찍, 구박, 압제를 받아, 환해 삼천리가 하나의 커다란 감옥이 되어, 우리 민족은 아예 인류의 자각을 잃을 뿐만 아니라, 곧 자동적 본능까지 잃어 노예에서 기계가 되어 강도 수중의 사용품이 되고 말 뿐이다.

강도 일본이 우리의 생명을 지푸라기처럼 보아, 을사 이후 13도의 의병이 일어났던 각 지방에서 일본 군대가 행한 폭행도 이루 다 적을 수 없거니와, 즉 최근 3·1운동 이후 수원, 선천 …… 등의 국내 각지부터 북간도, 서간도, 러시아령 연해주 곳곳까지 가는 곳마다 거주민을 도륙한다, 마을을 불사른다, 재산을 약탈한다, 부녀를 모욕한다, 목을 끊는다, 산 채로 묻는다, 불에 사른다, 혹 일신을 두 동가리, 세 동가리로 내어 죽인다, 아동에게 악형을 가한다, 부녀의 생식기를 파괴한다 하여, 할 수 있는 데까지 참혹한 수단을 써서 공포와 전율로 우리 민족을 압박하여 인간의 '산송장'을 만들려고 하는도다.

이상의 사실에 의거하여 우리는 일본 강도 정치 곧 이족 통치가 우리 조선 민족 생존의 적임을 선언하는 동시에, 우리는 혁명 수단으로 우리 생존의 적인 강도 일본을 쳐 죽이는 것이 곧 우리의 정당한 수단임을 선언하노라.

2

내정 독립이나 참정권이나 자치 운동을 하는 자, 누구이냐?

너희들은 '동양 평화', '한국 독립 보전' 등을 보증한 맹약(1905년 을사조약)이 먹물이 마르기 전에 삼천리 강토를 집어먹던 역사를 잊었느냐? '조선 인민 생명 재산 자유 보호', '조선 인민 행복 증진' 등을 거듭 밝힌 선언(1910년 한일 강제 병합)이 땅에 떨어지기도 전에 이천만의 생명이 지옥에 빠지던 실제를 못 보느냐? 3·1운동 이후에 강도 일본이 또 우리의 독립운동을 완화시키려고 송병준, 민원식 등 한 줌의 매국노를 시키어 이 따위 미친 논의를 부르짖는 것이니, 이에 부화뇌동하는 자, 장님이 아니면 어찌 간악한 도적이 아니겠느냐?

설혹 강도 일본이 과연 관대한 도량이 있어 기꺼이 이러한 요구를 허락한다고 하자. 소위 내정 독립을 찾고 각종 이권을 찾지 못하면 조선 민족은 전과 똑같이 굶주린 귀신이 될 뿐이 아니냐? 참정권을 획득한다고 하자. 자국의 무산 계급의 혈액까지 착취하는 자본주의 강도국의 식민지 인민이 되어 몇몇 노예 대의원의 선출로 어찌 굶어 죽는 재앙을 구제할 수 있겠느냐? 자치를 얻는다 하자. 그 어떤 종류의 자치인지 물을 필요도 없이, 일본이 그 강도적 침략주의의 간판인 '제국'이란 명칭이 존재하는 이상, 그 지배하에 있는 조선 인민이 어찌 구구한 자치의 헛된 이름으로써 민족적 생존을 유지할 수 있겠느냐?

설혹 강도 일본이 돌연히 불보살이 되어 하루아침에 총독부를 철폐하고 각종 이권을 다 우리에게 되돌려주며, 내정과 외교를 다 우리의 자유에 맡기고 일본의 군대와 경찰을 일시에 철수하며, 일본 이주민을 일시에 소환하고 다만 허명의 종주권만 가진다고 할지라도, 우리가 만일 과거의 기억이 완전히 소멸하지 않는 이상, 일본을 종주국으로 떠받든다는 것은 '치욕'이란 명사를 아는 인류로는 못 할지니라.

일본 강도 정치 아래에서 문화 운동을 부르는 자, 누구이냐?

문화는 산업과 문물이 발달하여 쌓인 전체를 가리키는 명사니, 경제 약탈의 제도 아래에서 생존권이 박탈된 민족은 그 '종족 보존'도 의문이거늘, 하물며 문화 발전의 가능성이 있으랴? 쇠망한 유태족, 인도족도 문화가 있다고는 하지만, 하나는 금전의 힘으로 그 선조의 종교적 유업을 계속함이며, 하나는 그 토지의 넓음과 인구의 많음으로 예부터 발달해 내려온 혜택을 지킴이니, 어디 모기와 등에같이 승냥이와 이리같이 사람의 피를 빨다가 골수까지 깨무는 강도 일본의 입에 물린 조선 같은 데서 문화를 발전시키거나 지켜낸 전례가 있더냐? 검열, 압수 모든 압박 중에 몇몇 신문, 잡지를 가지고 '문화 운동'의 목탁으로 저 스스로 떠들며, 강도의 비위에 거슬리지 아니 할 만한 언론이나 주창하여 이것을 문화 발전의 과정으로 본다고 하면, 그 문화 발전이 도리어 조선의 불행인가 하노라.

이상의 이유에 의거하여 우리는 우리의 생존의 적인 강도 일본과 타협하려는 자(내정 독립, 자치, 참정권 등을 논하는 자)나 강도 정치 아래에서 기생하려는 주의를 가진 자(문화 운동자)나 다 우리의 적임을 선언하노라.

3

강도 일본의 구축을 주장하는 가운데 또 이러한 논자들이 있으니,

제1은 외교론이니, 이조 오백 년 문약 정치가 '외교'로써 호국의 좋은 계책을 삼았다가 그 말세에 더욱더 심해져서, 갑신(1884년 갑신정변) 이래 유신당, 수구당의 성쇠가 거의 외부 원조가 있느냐 없느냐에 따라 판결되었으며, 위정자의 정책은 오직 갑국

을 끌어다 을국을 제어함에 불과하였고, 그 의뢰의 습성이 일반 정치 사회에 전염되어 즉 갑오(1894년 청일전쟁), 갑진(1904년 러일전쟁) 두 전란에 일본이 수십만의 생명과 수억만의 재산을 희생하여 청, 러 양국을 물리고, 조선에 대하여 강도적 침략주의를 관철하려 하는데, 우리 조선의 "조국을 사랑한다, 민족을 건지려 한다."라고 하는 이들은 칼 하나 총탄 하나를 탐욕스럽고 포악한 관리나 나라의 적에게 던지지 못하고, 탄원서를 여러 나라 공관에 던지며 긴 편지를 일본 정부에 보내어 국세의 외로움과 약함을 슬피 하소연하여, 국가 존망과 민족 사활의 대문제를 외국인 심지어 적국인의 처분으로 결정하기만 기다리었도다. 그래서 '을사조약', '경술합병', 곧 '조선'이란 이름이 생긴 뒤 몇 천 년만에 처음 당하는 치욕에 조선 민족의 분노가 겨우 하얼빈의 총(1909년 10월 안중근이 이토오 히로부미를 사살한 의거), 종현의 칼(1909년 12월 종현(명동)성당에서 나오는 이완용을 이재명이 칼로 찌른 의거), 산림 유생의 의병이 되고 말았도다.

아! 과거 수십 년 역사야말로 용기 있는 자가 보면 침을 뱉고 욕할 역사가 될 뿐이며, 어진 자가 보면 상심할 역사가 될 뿐이다. 그리고도 국망 이후 해외로 나아가는 모모 지사들의 사상이 무엇보다도 먼저 '외교'가 그 제1장 제1조가 되며, 국내 인민의 독립운동을 선동하는 방법도 "미래의 일미 전쟁, 일로 전쟁 등이 기회다."라는, 거의 천편일률의 문장이었고, 최근 3·1운동에 일반 인사의 '평화 회의, 국제 연맹'에 대한 과신의 선전이 도리어 이천만 민중의 용기를 떨쳐 전진하려는 의기를 없애는 매개가 될 뿐이었도다.

제2는 준비론이니, 을사조약(1905년 외교권 박탈 조약) 당시에 여러 나라 공관에 빗발치듯 보낸 종이쪽지로는 넘어가는 국권을 붙잡지 못하며, 정미년의 헤이그밀사(1907년)도 독립 회복의 복음을 안고 오지 못하매, 이에 차차 외교에 대하여 의문이 되고 전쟁 아니면 안 되겠다는 판단이 생기었다. 그러나 군인도 없고 무기도 없이 무엇으로써 전쟁하겠느냐? 산림 유생들은 대의명분에 따라 성패도 따지지 않고 의병을 모집하여 큰 갓과 소매 넓은 도포를 입고 대장이 되어 지휘하며, 사냥 포수의 화승총 부대를 몰아 가지고 조일 전쟁의 전투선에 나섰지만, 신문쪼가리나 본 이들, 곧 시세를 짐작한다는 이들은 그리할 용기가 아니 난다. 이에 "금일 금시로 곧 일본과 전쟁한다는 것은 망발이다. 총도 장만하고 돈도 장만하고 대포도 장만하고 장관이나 사졸감까지라도 다 장만한 뒤에야 일본과 전쟁한다." 함이니, 이것이 이른바 준비론 곧 독립 전쟁을 준비하자 함이다. 외세의 침입이 더할수록 우리의 부족한 것이 자꾸 느껴져서, 그 준비론의 범위가 전쟁 이외까지 확장되어 교육도 진흥해야겠다, 상공업도 발전해야겠다, 기타 무엇무엇 일체가 모두 준비론의 부분이 되었다. 경술 이후 각 지사들이 혹 서·북간도의 삼림을 더듬으며, 혹 시베리아의 찬바람에 배부르며, 혹 남·북경으로 돌아다니며, 혹 미주나 하와이로 돌아가며, 혹 서울과 지방에 출몰하여 십여 년 동안 내외 각지에서 목이 터질 만치 "준비! 준비!"를 불렀지만, 그 소득이 몇 개 불완전한 학교와 실력 없는 단체뿐이었다. 그러나 그들의 성의와 힘의 부족이 아니라 실은 그 주장의 착오이다. 강도 일본이 정치, 경제 양 방면으로 구박을 주어 경제가 날로 곤란하고 생산 기관이 전부 박탈되어 먹고 입을 방책도 끊어진 때에, 무엇으로? 어떻게? 실업을 발전하며, 교육을 확장하며, 더구나 어디서? 얼마나? 군인을 양성하며, 양성한들 일본 전투력의 백 분의 일에 비교라도 되게 할 수 있느냐? 실로 일장의 잠꼬대가 될 뿐이로다.

이상의 이유에 의하여 우리는 '외교', '준비' 등의 미몽을 버리고 민중 직접 혁명의 수단을 취할 것을 선언하노라.

4

조선 민족의 생존을 유지하자면 강도 일본을 쫓아낼지며, 강도 일본을 쫓아내자면 오직 혁명으로써 할 뿐이니, 혁명이 아니고는 강도 일본을 쫓아낼 방법이 없는 바이다.

그러나 우리가 혁명에 종사하려면 어느 방면부터 착수하겠느뇨?

구시대의 혁명으로 말하면, 인민은 국가의 노예가 되고 그 이상에 인민을 지배하는 상전 곧 특수 세력이 있어, 그 소위 혁명이란 것은 특수 세력의 명칭을 변경함에 불과하였다. 다시 말하자면 곧 '을'의 특수 세력으로 '갑'의 특수 세력을 변경함에 불과하였다. 그러므로 인민은 혁명에 대하여 다만 갑·을 양 세력 곧 신·구 양 상전 중, '누가 더 어질고 누가 더 포악하며, 누가 더 착하고 누가 더 나쁜가'를 보아 그 향배를 정할 뿐이요, 직접적인 관계가 없었다. 그리하여 '포악한 군왕을 베어 그 백성에게 조문한다'가 혁명의 유일한 취지가 되고 '백성이 도시락과 음료로 새로운 왕의 군사를 맞이한다'가 혁명사의 유일한 미담이 되었거니와, 금일 혁명으로 말하면 민중이 곧 민중 자기를 위하여 하는 혁명인 고로 '민중 혁명'이라 '직접 혁명'이라 칭함이며, 민중이 직접하는 혁명이므로 그 끓어오르고 부풀어 오르는 열기가 숫자상의 강약 비교의 관념을 타파하며, 그 결과의 성패가 매양 전쟁학의 정해진 궤도에서 벗어나서, 돈 없고 군대 없는 민중으로 백만의 군대와 억만의 부와 힘을 가진 제왕도 타도하며 외적도 쫓아내나니, 그러므로 우리 혁명의 첫걸음은 '민중 각오를 요구함'이니라.

민중이 어떻게 각오하느뇨?

민중은 신이나 성인이나 어떤 영웅호걸이 있어 '민중을 각오'

하도록 지도하는 데서 각오하는 것도 아니요, '민중아, 각오하자' '민중이여, 각오하여라' 그런 열렬하게 부르짖는 소리에서 각오하는 것도 아니오.

오직 민중이 민중을 위하여 일체 불평, 부자연, 불합리한 민중 향상의 장애부터 먼저 타파함이 곧 '민중을 각오케' 하는 유일한 방법이니, 다시 말하자면 곧 먼저 깨달은 민중이 민중 전체를 위하여 혁명적 선구가 됨이 민중 각오의 첫 번째 길이니라.

일반 민중이 굶주림, 추위, 곤란함, 고통, 아내의 울부짖음, 어린애의 울음, 납세의 독촉, 사채의 재촉, 행동의 부자유, 모든 압박에 졸리어, 살려니 살 수 없고 죽으려 하여도 죽을 바를 모르는 판에, 만일 그 압박의 주요 원인인 강도 정치를 설계한 강도들을 격살하고, 강도의 일체 시설을 파괴하고, 복음이 사해에 전하며 온 민중이 동정의 눈물을 뿌리어, 이에 사람마다 그 굶어 죽음 이외에 오히려 혁명이란 한 길이 남아 있음을 깨달아, 용기 있는 자는 그 의분에 못 이겨서 약자는 그 고통에 못 견디어서, 모두 이 길로 모여들어 계속해서 진행하며 보편적으로 널리 전파되어 거국일치의 대혁명이 되면 간악하고 교활하며 잔인하고 포악한 강도 일본을 마침내 쫓아내는 날이라. 그러므로 우리의 민중을 각성시켜 강도의 통치를 타도하고 우리 민족의 새 생명을 개척하자면, 십만 양병이 폭탄을 한 번 던진 것만 못하며 억만 장 신문·잡지가 한 번의 폭동만 못할지니라.

민중의 폭력적 혁명이 발생치 아니하면 그만이거니와, 이미 발생한 이상에는 마치 낭떠러지에서 굴리는 돌과 같아서 목적지에 도달하지 아니하면 정지하지 않는 것이라, 우리가 이미 지나온 과정으로 말하면, 갑신정변은 특수 세력이 특수 세력과 싸우던 궁중 일시의 활극일 뿐이며, 경술 전후의 의병들은 충군애국의 대의로 격분하여 일어난 독서 계급의 사상이며, 안중근, 이재명 등 열사의 폭력적 행동이 열렬하였지만 그 후면에 민중적 역량의 기초가 없었으며, 3·1운동의 만세 소리에 민중의 일치한 의기가 잠시 나타났지만 또한 폭력적 중심을 가지지 못하였도다. '민중, 폭력' 양자 중 그 하나만 빠지면 비록 굉렬하고 장쾌한 거동이라도 또한 번개처럼 사라지는도다.

조선 안에 강도 일본이 제조한 혁명 원인이 산같이 쌓이었다. 언제든지 민중의 폭력적 혁명이 개시되어 "독립을 못 하면 살지 않으리라.", "일본을 쫓아내지 못 하면 물러서지 않으리라."라는 구호를 가지고 계속 전진하면 목적을 관철하고야 말지니, 이는 경찰의 칼이나 군대의 총이나 간악 교활한 정치가의 수단으로도 막지 못하리라.

혁명의 기록은 자연히 참혹하고 장엄한 기록이 되리라. 그러나 물러서면 그 후면에는 암흑의 함정이요, 나아가면 그 전면에는 광명한 활기니, 우리 조선 민족은 그 참혹하고 장엄한 기록을 그리면서 나아갈 뿐이니라.

이제 폭력-암살, 파괴, 폭동-의 목적물을 대략 열거하건대,

1. 조선 총독 및 각 관리와 공리(관리가 아니면서 공무를 맡아보는 사람)
2. 일본 천황 및 각 관리와 공리
3. 정탐노, 매국적
4. 적의 일체 시설물

이외에 각 지방의 신사나 부호가 비록 현저히 혁명 운동을 방해한 죄가 없을지라도 만일 언어 혹 행동으로 우리의 운동을 완화하고 중상모략하는 자는 우리의 폭력으로써 대할지니라. 일본인 이주민은 일본 강도 정치의 기계가 되어 조선 민족의 생존을 위협하는 선봉이 되어 있은즉 또한 우리의 폭력으로 쫓아낼지니라.

5

혁명의 길은 파괴로부터 개척할지니라. 그러나 파괴만 하려고 파괴하는 것이 아니라 건설하려고 파괴하는 것이니, 만일 건설할 줄을 모르면 파괴할 줄도 모를지며, 파괴할 줄을 모르면 건설

할 줄도 모를지니라. 건설과 파괴가 다만 형식상에서 보아 구별
될 뿐이요, 정신상에서는 파괴가 곧 건설이니, 이를테면 우리가
일본 세력을 파괴하려는 것이

제1은 이족 통치를 파괴하고자 함이다. 왜? '조선'이란 그 위에
'일본'이란 이민족 그것이 압제하고 있으니, 이민족 압제의 밑에
있는 조선은 고유의 조선이 아니니, 고유의 조선을 발견하기 위
하여 이족 통치를 파괴함이니라.

제2는 특권 계급을 파괴하고자 함이다. 왜? '조선 민중'이란
그 위에 총독이니 무엇이니 하는 강도단의 특권 계급이 압박하
여 있으니, 특권 계급의 압박 밑에 있는 조선 민중은 자유로운
조선 민중이 아니니, 자유로운 조선 민중을 발견하기 위하여 특
권 계급을 타파함이니라.

제3은 경제 약탈 제도를 파괴하고사 함이다. 왜? 약탈 제도
밑에 있는 경제는 민중 자신이 생활하기 위하여 조직한 경제가
아니요, 곧 민중을 잡아먹으려는 강도의 살을 찌우기 위하여 조
직한 경제니, 민중 생활을 발전하기 위하여 경제 약탈 제도를 파
괴함이니라.

제4는 사회적 불평균을 파괴하고자 함이다. 왜? 약자 위에 강
자가 있고 천한 자 위에 귀한 자가 있어 모든 불평균을 가진 사
회는 서로 약탈, 서로 박탈, 서로 질투하고 원수 보듯 하는 사회
가 되어, 처음에는 소수의 행복을 위하여 다수의 민중을 해치

다가 말경에는 또 소수끼리 서로 해치어, 민중 전체의 행복이 마침내 숫자상의 '0'(空)이 되고 말 뿐이니, 민중 전체의 행복을 증진하기 위하여 사회적 불평균을 파괴함이니라.

제5는 노예적 문화 사상을 파괴하고자 함이다. 왜? 유래하던 문화 사상의 종교, 윤리, 문학, 미술, 풍속, 습관 그 어느 무엇이 강자가 제조하여 강자를 옹호하던 것이 아니더냐? 강자의 오락에 공급하던 도구가 아니더냐? 일반 민중을 노예로 만들었던 마취제가 아니더냐? 소수 계급은 강자가 되고 다수 민중은 도리어 약자가 되어 불의의 압제에 반항치 못함은 전적으로 노예적 문화 사상의 속박을 받은 까닭이니, 만일 민중의 문화를 제창하여 그 속박의 철쇄를 끊지 아니하면, 일반 민중은 권리 사상이 박약하며 자유를 향상하는 데 흥미가 부족하여 노예의 운명 속에서 윤회할 뿐이라. 그러므로 민중 문화를 제창하기 위하여 노예적 문화 사상을 파괴함이니라.

다시 말하자면 '고유한 조선의' '자유로운 조선 민중의' '민중 경제의' '민중 사회의' '민중 문화의' 조선을 건설하기 위하여 '이족 통치의' '약탈 제도의' '사회 불평균의' '노예 문화 사상의' 현상을 타파함이니라. 그런즉 파괴 정신이 곧 건설 주장이라. 나아가면 파괴의 '칼'이 되고 들어오면 건설의 '깃발'이 될지니, 파괴할 기백은 없고 건설할 어리석은 생각만 있다면, 오백 년이 지난다 해도 혁명의 꿈도 꾸어 보지 못할지니라.

이제 파괴와 건설이 하나이요 둘이 아닌 줄 알진대, 민중의 파괴 앞에는 반드시 민중의 건설이 있는 줄 알진대, 현재 조선 민중은 오직 민중의 폭력으로 신조선 건설의 장애인 강도 일본 세력을 파괴할 뿐인 줄 알진대, 조선 민중이 한편이 되고 일본 강도가 한편이 되어, 네가 망하지 아니하면 내가 망하게 된 '외나무다리 위'에 선 줄 알진대, 우리 이천만 민중은 일치단결하여 폭력 파괴의 길로 나아갈지니라.

민중은 우리 혁명의 대본영이다.

폭력은 우리 혁명의 유일 무기이다.

우리는 민중 속에 가서 민중과 손을 잡고서 끊임없는 폭력-암살, 파괴, 폭동-으로써

강도 일본의 통치를 타도하고,

우리 생활에 불합리한 일체 제도를 개조하여

인류로서 인류를 압박치 못하며, 사회로서 사회를 박탈치 못하는 이상적 조선을 건설할지니라.

4256년(서기 1923년) 1월 일

의열단

La Deklaracio de la Korea Revolucio

Verkis SIN Chaeho[1]

Tradukis CHOE Taesok[2]

1

La rabisto Japanujo forigis nian landnomon, forprenis nian registaron, senigis nin je ĉiuj kondiĉoj necesaj por nia vivekzisto.

---

1 SIN Chaeho 신채호 申采浩 (1880-1936): historiisto, anarĥiisto, aktivulo de la naciliberiga movado en la tempo de la Japana Okupado de Koreio. Li emigris al Ŝanhajo en 1919, poste al Pekino kaj mortis en la Luŝuna prizono de Manĉurio en 1936. KIM Wonbong (1898-1958, alinome Bomba KIM), la estro de la Heroa Korpuso petis lin verki la Manifeston de la Korea Revolucio en 1923. Estas konate, ke SIN Chaeho petis Esperanto-librojn por legi en la prizono.

2 CHOE Taesok 최대석 崔大錫 (1962-): ĵurnalisto, verkisto, Esperanto-tradukisto, korelingva lektoro.

Ĝi forprenas la vivon de ekonomio, t.e. arbarojn, riverojn, lagojn, fervojojn, minejojn, fiŝejojn ⋯ kaj ĝis materialoj de etindustrio; ĝi distrancas kaj dishakas ĉiujn produktajn funkciojn; ĝi tagon post tago altigas terimposton, domimposton, kapimposton, brutimposton, bazarimposton, lokimposton, alkoholimposton, cigaredimposton, kompoŝtimposton, semimposton, komercimposton, purigimposton, enspezimposton ⋯ kaj la ceterajn impostojn, tiel ke ĝi forsucas ĉiun nian restan sangon. Konsiderindaj komercistoj jam estas peristoj de japanaj fabrikaĵoj al koreoj, tiel ke ili nur ruiniĝas po iom sub la principo de kapitala koncentriĝo. La plejmulto de la popolo, nome, ordinaraj agrikulturistoj sangoŝvite prilaboras kampon kaj tamen per tiujara gajno apenaŭ povas restigi ion eĉ por vivteni sin kaj sian familion kaj devas oferi ĉion al la rabisto Japanujo, kiu deziras kaptmanĝi nin, tiel ke ili nur estas eterna bovo aŭ ĉevalo, kiu dikigas ĝian karnon. Por ke fine ni ne povu vivi eĉ tian bovan aŭ ĉevalan vivon, ĉiujare grandprocente kreskas japanoj, kiuj enmigras en Koreujon, kaj pro la turmentado de "lignŝuuloj[3]"

3　Lignŝuulo 딸깍발이: vulgara metaforo por japano, kiu surportas lignajn ŝuojn.

nia nacio ne havas eĉ la teron treti kaj are migras al monto, rivero, okcidenta Gando[4], norda Gando aŭ siberia nekultivejo kaj nur fariĝas de malsata fantomo ĝis vaganta fantomo.

La rabisto Japanujo strebas al ĝendarma politiko kaj polica politiko, tiel ke nia nacio ne povas libere movi eĉ unu paŝon kaj tute ne havas liberecon pri gazetaro, eldonado, organizado kaj kunveno. Tial, se nia nacio havas doloron kaj rankoron, nia nacio nur tuŝas la bruston de mutulo; en la mondo de feliĉo kaj libereco nia nacio estas blindulo kun malfermitaj okuloj. Kiam naskiĝas infanoj, ili estas sendataj al sklavedukejoj (lernejoj), kiuj "nomas la japanan lingvon nacia lingvo kaj la japanan skirbon nacia skribo"; se ili kiel koreoj legas okaze la historion de Koreujo, ili legas ĝin tiel, kiel fijapanoj false skribis, ke "Danguno[5] estas frato de Susanoo-no-Mikoto[6]" kaj "en la

---

4 Gando 간도 間島: regiono trans la riveroj Aprokgang kaj Dumangang. Al okcidenta Gando apartenas parto trans la rivero Aprokgang kaj al norda Gando apartenas parto trans la rivero Dumangang.

5 Danguno 단군 檀君: esperantigita nomo de Dangun aŭ Dangun Wanggeom, kiu estas la mitologia fondinto de la unua antikva regno nomata Gojoseon en la Korea Duoninsulo en 2333 antaŭ Kristo.

6 Susanoo-no-Mikoto 스사노오노미코토 素戔嗚尊: juna frato de Amaterasu, kiu estas la diino de la suno kaj la mitologia praulino de la japana imperia sangolinio.

periodo Samhan[7] la tuta sudo ekde la rivero Hangang[8] estis japana teritorio"; se ili legas tagĵurnalojn aŭ magazinojn, tie troviĝas nenio alia ol duonjapanigitaj sklavaj vortoj, kiuj laŭdas la rabistan politikon. Se naskiĝas inteligentaj infanoj, ili fariĝas degeneruloj, kiuj sub la premo de la medio pesimistiĝas kaj desperiĝas; alie, ili, je la preteksto de konspira afero, estas prizone arestataj kaj estas torture gambotordataj, piedkatenataj, trancilmetataj ĉirkaŭkole, brulstampataj, vipataj, elektroŝokataj, kudrilpikataj sub fingran aŭ piedan ungon, pendigataj renverse, akvoenversataj en la nazon, meĉenmetataj en la generilon; tiel ricevante ĉiajn fiagojn, kiuj ne troviĝas eĉ en la krimkodeksa vortaro de barbara despota lando, ili mortas aŭ bonŝance eliras vivaj el la prizona pordo kaj tamen nur estas dumvivaj invalidoj. Se ne estas tiel, la instinkto de invento kaj kreo ĉesas pro vivtena malfacilo, la spirito de antaŭeniro kaj viglado estingiĝas pro la premo de la situacio; ĉiukampe ricevante malliberigon,

---

7 Samhan 삼한 三韓: kolektiva nomo de Byeonhan, Jinhan kaj Mahan, kiuj regis en la Korea Duoninsulo antaŭ la tri reĝlandoj de Silla (57 a.K.), Goguryeo (37 a.K.) kaj Baekjae (18 a.K.).

8 Hangang 한강 漢江: rivero, kiu trafluas Seulon kaj estas longa je 494 kilometroj.

vipon, mistrakton kaj opreson, kiuj eĉ malebligas krii kaj "Pep'!" kaj "Ĉirp'!", la marĉirkaŭita trimillio[9] do estas unu granda prizono kaj nia nacio tute perdas ne nur homaran memkonscion, sed ankaŭ aŭtomatan instinkton kaj fariĝas de sklavo ĝis maŝino kaj nur estas uzaĵo sur mano de la rabisto.

La rabisto Japanujo rigardas nian vivon kiel pajleron; t.e. kvankam ne eblas priskribi ĉiujn perfortojn, kiujn la japana armeo faris en ĉiuj lokoj, kie leviĝis lojalaj soldatoj el 13 provincoj de post la arba-serpenta jaro[10], lastatempe de post la Movado de la Unua de Marto[11] ĉie ajn, en ĉiuj enlandaj lokoj, inkluzive Suwon kaj Seoncheon, ĝis norda Gando, okcidenta Gando kaj Ĉemara Rusa Regiono, Japanujo masakras loĝantojn, forbruligas vilaĝojn, prirabas havaĵojn, ĉikanas virinojn, fortranĉas kolojn, enterigas homojn vivaj, bruligas homojn, mortpecigas korpojn en du aŭ tri partojn,

---

9 Trimillio 삼천리 三千里: metaforo por la Korea Duoninsulo, kiu vertikale estas longa je tri mil lioj. Lio estas mezurunuo longa je 400 metroj.

10 Arba-serpenta jaro 을사 乙巳: la jaro 1905, kiam okazis la Japana-Korea Traktato de 1905, per kiu la Japana Imperio senigis la Korean Imperion je la diplomatia suvereneco.

11 Movado de la Unua de Marto 삼일운동 三一 運動: kontraŭ la japana regado koreoj tutlande ekribelis, deklarante la sendependiĝon de Koreio, en la unua de marto 1919. La paca ribelo daŭris ĝis la 11a de aprilo kaj rezulte la Korea Provizora Registaro establiĝis samtage en Ŝanhajo.

punaĉas infanojn, detruas virinajn generilojn, tiel ke ĝi uzas ĉiajn eblajn tragikajn rimedojn por opresi nian nacion per terurigo kaj tremigo kaj fari ĝin "viva kadavro".

Surbaze de la supre menciitaj faktoj, ni deklaras, ke la rabista politiko, nome, alinacia regado de Japanujo estas malamiko de la vivekzisto de nia korea nacio, kaj samtempe ni deklaras, ke mortigi per revolucia rimedo la rabiston Japanujo, malamikon de nia vivekzisto, estas ĝuste nia prava rimedo.

2

Kiu do estas tiu, kiu movadas por la sendependeco de enlanda administro, por balotrajto aŭ por aŭtonomio?

Ĉu vi jam forgesis la historion, kiu malversaciis la trimillian teritorion, antaŭ ol inksekiĝis la alianca ĵuro[12], kiu garantiis "la Orientan pacon", "la konservon de la korea sendependeco" kaj tiel plu? Ĉu vi ja ne vidis la realaĵon, ke

---

12 Alianca ĵuro 맹약 盟約: la Japana-Korea Traktato de 1905.

dudek milionoj da vivoj falis en inferon, antaŭ ol teren falis la deklaracio[13], kiu ripete proklamis "protekti la vivon, havaĵon kaj liberecon de la korea popolo", "pligrandigi la feliĉon de la korea popolo" kaj tiel plu? De post la Movado de la Unua de Marto, por malfortigi nian sendependiĝan movadon, la rabisto Japanujo instigas manplenon da ŝtatperfiduloj kiel SONG Byeongjun, MIN Wonsik kaj aliaj elvoki ĉi tian frenezan aserton. Se tiu, kiu konsentas ĝin, ne estas blindulo, kiel do tiu ne estus malica ŝtelisto?

Ni supozu, ke eventuale la rabisto Japanujo ja estas grandanima kaj volonte permesas ĉi tiajn postulojn. Se ni akiras la sendependecon de enlanda administro kaj tamen ne povas akiri ĉiajn profitrajtojn, ĉu la korea nacio ne estas nur malsata fantomo tutsame, kiel antaŭe? Ni supozu, ke ni akirus balotrajton. Se ni estas la kolonia popolo de la kapitalisma rabista lando, kiu ekspluatas ĝis la sango de sialanda proleta klaso, kaj elektas kelkajn sklavajn deputitojn, kiel do per tio ni savus malsatmortan katastrofon? Ni supozu, ke ni akirus aŭtonomion. Ne necesas demandi pri kia aŭtonomio. Nur se

---

13 Deklaracio 선언 宣言: la Japana-Korea Aneksa Traktato de 1910.

Japanujo plu havas la titolon nomatan "imperio", kiu estas la ŝildo de la rabista invadismo, kiel do la korea popolo sub ĝia regado konservus sian nacian vivekziston per la nominala titolo de malnobla aŭtonomio?

Eĉ se eventuale la rabisto Japanujo neatendite fariĝas budho aŭ bodisatvo, en mateno de unu tago abolas la ĝeneralan registaron, redonas al ni ĉiajn profitrajtojn, disponigas al ni enlandan administron kaj diplomation, unutempe retiras la armeon kaj policon de Japanujo, unutempe revokas la enmigrintojn de Japanujo, kaj havas nur sian nominalan suzerancon, se ni tamen komplete ne forestingas memoron pri la pasinteco, ni kiel la homaro, kiu konas la substantivon "malhonoro", vere ne povas estimi Japanujon kiel suzeranon.

Kiu do estas tiu, kiu elvokas kulturan movadon sub la rabista politiko de Japanujo?

Kulturo estas substantivo, kiu esprimas la tuton akumuliĝintan pro la progreso de industrio kaj kulturaĵo. Estas dubinde eĉ, ke sian genton povas konservi nacio, kiu estas senigita je vivekzista rajto sub la sistemo de ekonomia prirabo; des pli ĉu do povus esti la ebleco de kultura progreso? Oni diras, ke la ruinigitaj juda popolo kaj barata popolo havas kulturon, sed unu daŭrigas la religian heredan laboron de sia praularo per monforto kaj la alia konservas la restan avantaĝon, kiu libere evoluis de antikve pro la teritoria vasteco kaj popola multnombreco. Ĉu ja troviĝas precedenco, ke sian kulturon progresigis aŭ prigardis tia lando kiel Koreujo kaptotenita de la buŝo de la rabisto Japanujo, kiu mordas ĝis ostmedolo, suĉante homan sangon, kiel kulo kaj tabano, kiel natura hundo kaj mongola lupo[14]?

Dum cenzuro, konfisko kaj ĉia opreso Japanujo mem krias, ke kelkaj ĵurnaloj kaj magazinoj estas la lignofiŝo[15] de "kultura movado", kaj ĉefe kantas nur tian gazetaron, kiu ne malplaĉas al la rabisto, kaj konsideras tion kiel la procezon de kultura progreso. Se tiel, tiu kultura progreso male estas la malfeliĉo de Koreujo.

Surbaze de la supre menciitaj kialoj, ni deklaras, ke ĉiu (asertanto de la sendependeco de enlanda administro, aŭtonomio,

---

14 Natura hundo kaj mongola lupo 시랑 豺狼: natura hundo estas Cuon alpinus kaj mongola lupo estas Canis lupus chanco.

15 Lignofiŝo 목탁 木鐸: ligna frapinstrumento uzata precipe por akompani reciton de sutro aŭ mantro. Ĝi estas metaforo por gvidanto aŭ gvidilo.

balotrajto kaj tiel plu), kiu kompromisas kun la rabisto Japanujo, malamiko de nia vivekzisto, aŭ kiu (kulturaganto) havas la ismon paraziti sub la rabista politiko, estas nia malamiko.

3

Troviĝas ĉi tiaj argumentantoj el tiuj, kiuj asertas forpeli la rabiston Japanujo.

La unua estas diplomatia teorio. Dum kvincento da jaroj de la dinastio Lee[16] nemilitista regado prenis diplomation kiel longtempan planon por protekti la landon kaj tio estis la plej serioza ĉe la fino, tiel ke de post la arba-simia jaro[17] prospero kaj dekadenco de la reforma partio kaj la konservativa partio preskaŭ dependis de tio, ĉu la koncerna partio havis eksterlandan subtenon aŭ ne. La agadpolitiko de ŝtatistoj estis nenio alia ol tiri al si la landon A por bridi la landon B kaj

---

16 Dinastio LEE 이조 李朝: alinome la dinastio Joseon (1392-1897), kies fond-into havas la familian nomon LEE.

17 Arba-simia jaro 갑신 甲申: la jaro 1884, kiam okazis la Puĉo de la Ar-ba-Simia Jaro, en kiu koreaj reformuloj renversis konservativulojn, kiuj dependis de Ĉinujo.

je tiu dependemo infektiĝis tiel same la politiko kaj socio; t.e. dum ambaŭ militoj[18] de la arba-ĉevala jaro kaj la arba-draka jaro, Japanujo, viktimigante centmilojn da vivoj kaj detruante miriadojn da havaĵoj, forpelis la du landojn de Ĉinujo kaj Rusujo kaj intencis efektivigi sian rabistan invadismon en Koreujo. Tiam tiuj de nia Koreujo, kiuj diris: "Mi amas mian patrujon, mi intencas savi mian nacion," eĉ ne povante ĵeti unu ponardon, nek unu kuglon al stulta, nekompetenta, avida kaj kruela ŝtatoficisto aŭ malamiko de la lando, ĵetis nur oficialajn leterojn al diversaj diplomatiaj oficejoj kaj sendis nur longajn leterojn al la japana registaro. Tiamaniere ili do triste prilamentis la solecon kaj feblecon de la ŝtatforto kaj atendis decidon sub la dispono de eksterlandanoj kaj eĉ malamikoj pri grandaj temoj, ĉu la ŝtato ekzistas aŭ pereas, kaj ĉu la nacio vivas aŭ mortas. Tial pro la malhonoraĵoj, nome, la Traktato de la Arba-Serpenta Jaro[19] kaj la Aneksa Traktato de la Metala-

---

18 Ambaŭ militoj 양전역 兩戰役: la Unua Ĉina-Japana Milito ekde la arba-ĉevala jaro (갑오 甲午 1894) kaj la Japana-Rusa Milito ekde la arba-draka jaro (갑진 甲辰 1904).

19 Traktato de la Arba-Serpenta Jaro 을사조약 乙巳條約: la Japana-Korea Traktato de 1905.

Hunda Jaro[20], kiujn ni unuafoje alfrontis dum kelkmiloj da jaroj de post la ekesto de la nomo Joseon[21], koleraj esprimoj nur estis la pistolo de Harbino[22], la ponardo de Chonhyeon[23] kaj la lojalaj soldatoj de montaraj konfuceanoj. Ho! se kuraĝulo rigardas la pasintan kelkdekjaran historion, ĝi nur estas kraĉinda historio; se bonvolulo rigardas ĝin, ĝi nur estas lamentinda historio. Krome, la penso de kelkaj patriotoj, kiuj emigris eksterlanden de post la ŝtata detruiĝo, estas, ke "diplomatio" estas antaŭ ĉio la unua artikolo de la unua ĉapitro; ankaŭ la metodo agiti la sendependiĝan movadon de la enlanda popolo havas preskaŭ monotonan tekston, ke "la estontaj Japana-Usona Milito, Japana-Rusa Milito kaj aliaj estas ŝanco"; propagando, ke ordinaraj publikaj personoj tre

---

20 Traktato de la Metala-Hunda Jaro 경술합병 庚戌合倂: la Japana-Korea Aneksa Traktato de 1910.

21 Joseon 조선 朝鮮: la unua landnomo de la nuna Koreio estas Malnova Joseon, kiun fondis Danguno en 2333 antaŭ Kristo.

22 Pistolo de Harbino: AN Junggeun (1879-1910) pafmurdis la gravan japanan politikiston Ito Hirobumi (1841-1909) en la harbina stacidomo en oktobro 1909. Estas asertite, ke tuj post la pafmurdo li kriis ĉielen, uzante la Esperanto-vorton "Korea hura!". Krome li estas onklo de la konata patrioto-esperantisto Elpin AN Useng (1907-1991).

23 Ponardo de Chonghyeon: LEE Jaemyeong (1887-1910) enpuŝis ponardon en la ŝtatperfidulon LEE Wanyong en la katolika preĝejo Chonghyeon (la nuna Myeongdong) en decembro 1909.

kredas je "Packonferenco · Internacia Ligo" pri la lastatempa Movado de la Unua de Marto, male nur estas perado, kiu ĉesigas la spiriton de kuraĝa antaŭeniro de dudek milionoj da popolo.

La dua estas prepara teorio. En la tempo de la Traktato de la Arba-Serpenta Jaro oni ne povis kapti la transirantan nacian suverenecon per paperslipoj dissenditaj al diversaj diplomatiaj oficejoj; la konfidencaj senditoj al Hago[24] en la fajra-ŝafa jaro ne povis alporti ĝojnovaĵon pri reakiro de la sendependeco. Tial iom post iom estiĝis dubo pri diplomatio kaj naskiĝis juĝo, ke nenio eblas sen milito. Sed estas nek soldatoj, nek armiloj. Per kio do militi? Laŭ la justeco de la Analoj de Printempo kaj Aŭtuno[25] montaraj konfuceanoj sen kalkuli sukceson aŭ fiaskon rekrutigis lojalajn soldatojn kaj, vestite en ronda kaj alta ĉapelo kaj longa kaj larĝa mantelo, fariĝis ĉefoj de komando, direktis meĉpafilan trupon de kaproĉasistoj kaj partoprenis en batalfronto de la Japana-

---

24 Konfidencaj senditoj al Hago 헤이그 밀사 海牙密使: koreaj senditoj al la Dua Haga Packonferenco en la fajra-ŝafa jaro (정미 丁未 1907). Ili estas LEE Sangseol (1870-1917), LEE Uijong (1884-?) kaj LEE Jun (1859-1907).

25 Analoj de Printempo kaj Aŭtuno 춘추 春秋: la antikva ĉina kroniko kompilita de Konfuceo, unu el la Kvin Klasikaĵoj de la ĉina literaturo.

Rusa Milito. Kontraste kun ili, legantoj de ĵurnalpecoj, nome, konsiderantoj de la kuranta situacio ne povas estigi tian kuraĝon. Sekve ili argumentas, ke "ĉi-tage kaj ĉi-hore militi kontraŭ Japanujo estas absurde. Unue oni devas prepari pafilojn, prepari monon, prepari kanonojn, prepari generalojn, prepari oficirojn kaj eĉ soldatojn kaj poste oni devas militi kontraŭ Japanujo". Tio estas la tiel nomata prepara teorio kaj estas ĝuste, ke oni preparu sendependiĝan militon. Ju pli multe okazas invadoj de eksterlandaj potencoj, des pli ofte sentiĝas niaj mankoj, tiel ke la skalo de la prepara teorio krom milito pligrandiĝas al tio, ke ni devas antaŭenigi edukon, ni devas evoluigi komercon kaj industrion kaj la tuta cetero devas esti parto de la prepara teorio. De post la metala-hunda jaro respektivaj patriotoj jen vagis en arbaroj de okcidenta aŭ norda Gando, jen satiĝis je siberiaj frostaj ventoj, jen migris al Nankino aŭ Pekino, jen vojaĝis al Ameriko aŭ Havajo, jen aperis kaj malaperis en Seulo aŭ provinco. Tiel dum la dekkelkaj jaroj ili en diversaj enlandaj kaj eksterlandaj lokoj kriegis ĝis raŭkiĝo "Preparon!", "Preparon!", sed la gajnoj estis nur kelkaj malstabilaj lernejoj kaj senkapablaj societoj. Tamen tio okazis ne pro la manko de ilia peno aŭ forto, sed reale pro la eraro de ilia argumento. La rabisto Japanujo turmentas en la du kampoj de politiko kaj ekonomio, tiel ke ekonomio tagon post tago malfaciliĝas kaj ĉiuj produktaj institucioj estas senigitaj je rajtoj kaj fortranĉiĝas rimedoj por manĝi kaj vestiĝi. En tia situacio, per kio kaj kiel evoluigi industrion, pligrandigi edukon? Des pli kie kaj kiom trejni soldatojn? Eĉ se trejni ilin, ĉu ni povas kompare atingi eĉ la centonon de la japana batalkapablo? Reale tio nur estas unu dormparolo.

Surbaze de la supre menciitaj kialoj, ni deklaras, ke ni forlasos tiajn iluziojn kiel "diplomatio", "preparo" kaj similaj, kaj prenos la rimedon de popola rekta revolucio.

4

Se ni decidas konservi la vivekziston de la korea nacio, ni devas forpeli la rabiston Japanujo; se ni decidas forpeli la rabiston Japanujo, ni devas fari tion nur per revolucio. Estas neniu alia maniero krom revolucio.

Tamen, se ni intencos okupiĝi pri revolucio, de kiu kampo

ni eklaboros?

Se paroli pri revolucio de la pasinta tempo, la popolo estis sklavo de la ŝtato kaj super ĝi estis mastro, nome, speciala potenco, kiu regas la popolon; la tiel nomata revolucio estis nenio alia ol ŝanĝi la nomon de speciala potenco. Se paroli denove, revolucio estis nenio alia ol ŝanĝi la potencon A al la potenco B. Tial pri revolucio la popolo rigardis, kiu estas pli bonkora aŭ pli kruela, kiu estas pli bona aŭ pli malbona inter la du potencoj A kaj B, nome, inter nova mastro kaj malnova mastro, kaj la popolo nur decidis sian sintenon kaj ne havis rektan rilaton kun revolucio. "Mortpuni la reĝon kaj konsoli la popolon" estis la ununura ĉefcelo de revolucio; estis la ununura kortuŝa epizodo de revolucia historio, ke "la popolo alportis manĝaĵon kaj trinkaĵon por bonvenigi la reĝarmeon". Se paroli pri ĉi-tempa revolucio, la popolo faras revolucion por si mem, tial ĝi nomiĝas "popola revolucio" kaj "rekta revolucio". La popolo rekte faras revolucion, tial la bolanta, flamanta kaj ŝvelanta ardo disfaligas la ideon de cifera komparo pri forto kaj malforto kaj la sukceso kaj fiasko de la rezulto devias de la ĉiam fiksita trako de militscienco, tiel ke per senmona kaj sensoldata popolo oni renversas eĉ imperiestron kun milionoj da armeanoj kaj miriadoj da riĉaĵoj kaj forpelas eĉ invadan armeon. Tial la unua paŝo de nia revolucio estas "postuli de la popolo vekiĝi".

Kiel la popolo vekiĝas?

La popolo ne vekiĝas pro tio, ke dio, sanktulo, heroo aŭ grandulo estas kaj gvidas por "veki la popolon", nek vekiĝas pro tio, ke oni fervore skandas: "Ho, popolo, ni vekiĝu!", "Ho, popolo, vi vekiĝu!"

Estas la solsola maniero, ke nur la popolo por si mem antaŭ ĉio disfaligas ĉiujn malegalajn, malnaturajn kaj absurdajn obstaklojn por popola progreso. Se paroli denove, estas la unua vojo de popola vekiĝo, ke la unue vekiĝinta popolo estas revolucia pioniro por la tuta popolo.

Ordinara popolo streĉiĝas de malsato, malvarmo, malfacilo, sufero, edzina plorĝemo, infana plorkrio, impostpremo, urĝo de privata pruntedonisto, mallibereco de agado, kaj ĉia opreso, tiel ke ĝi ne povas vivi, eĉ se ĝi intencas vivi, kaj ĝi ne povas morti, eĉ se ĝi intencas morti. En ĉi tia situacio, se iu batmortigas rabistojn establintajn rabistan politikon, kiu estas la ĉefa kaŭzo de la opreso, detruas ĉiujn iliajn instalaĵojn kaj transdonas ĝojnovaĵojn al la mondo, la tuta popolo elverŝas simpatiajn larmojn kaj sekve ĉiu homo komprenas, ke restas la ununura vojo "revolucio" krom malsatmorto; kuraĝulo ne povas venki sian justan koleron kaj malfortulo ne povas elteni sian suferon, tiel ke ĉiuj homoj, kolektiĝante al ĉi tiu vojo, konstante antaŭeniras kaj plenvaste infektas kaj do estiĝas granda tutlanda revolucio. Se tiel, estas la tago, kiam ni fine forpelas la malican kaj ruzan, kruelan kaj teruran rabiston Japanujo. Tial, se ni decidas veki nian popolon, renversi la rabistan regadon kaj malfermi al nia nacio novan vivon, centmiloj da bonaj soldatoj malpli valoras ol unufoja bombado kaj miriadoj da gazetaj paperoj malpli valoras ol unufoja tumulto.

Se ne okazas popola perforta revolucio, estas nenio por elekti. Se ĝi jam okazas, ĝi estas kiel ŝtono rulita de sur krutaĵo kaj ne haltas, ĝis ĝi atingos la celon. Se paroli pri nia pasinta procezo, la Puĉo de la Arba-Simia Jaro estis nenio alia ol portempa kortega agadfilmo, en kiu batalis unu speciala potenco kontraŭ la alia speciala potenco; lojalaj soldatoj antaŭ kaj post la metala-hunda jaro estiĝis el la penso de legklaso, kiu furioze leviĝis pro la devo fideli la suverenon kaj ami la landon; la perforta agado de patriotaj martiroj kiel AN Junggeun kaj LEE Jaemyeong estis ardega, sed malantaŭe ne havis la fundamenton de popola kapablo; en la vivuoj de la Movado de la Unua de Marto palpebrume aperis la spirito de popola unuiĝo, sed ankaŭ ĝi ne povis havi perfortan kernon. Se mankas nur unu el la du de "popolo kaj perforto", eĉ bruega kaj grandega ribelo maldilatiĝas kiel fulmo.

Stakiĝis kiel monto revoluciaj kaŭzoj, kiujn la rabisto Japanujo fabrikis en Koreujo. Se popola perforta revolucio iam ajn komenciĝas kaj konstante antaŭeniras kun sloganoj: "Ni ne vivos sen sendependiĝi", "Ni ne retiriĝos sen forpeli Japanujon", ĝi fine atingas la celon. Tion povas malhelpi nek polica sabro, nek armea fusilo, nek ruzpolitikista rimedo.

Revolucia registro nature estas tragika kaj brava registro. Sed se ni retiriĝas, malantaŭe estas malluma enfalujo; se ni antaŭeniras, antaŭe estas luma elirvojo. Ni, la korea nacio nur antaŭeniras, bildigante al ni tiun tragikan kaj bravan registron.

Nun ni proksimume listigas la celaron de perforto (murdo, detruo, tumulto):

La ĝenerala guberniestro, ĉiu oficisto, ĉiu servanto de

Koreujo

La imperiestro, ĉiu oficisto, ĉiu servanto de Japanujo

Spionoj, ŝtatperfiduloj

Ĉiuj instalaĵoj de la malamiko

Krome, kvankam ĝentlemanoj aŭ riĉuloj de ĉiu provinco ne malhelpas rimarkinde nian revolucian movadon, se ili parole aŭ age malfortigas kaj kalumnias nian movadon, ni traktas ilin per nia perforto. Japanaj enmigrintoj, estante maŝinoj de la rabista politiko de Japanujo, jam estas avangardo, kiu minacas la vivekziston de la korea nacio, tial ankaŭ ilin ni forpelas per nia perforto.

5

Revolucia vojo malfermiĝas per detruo. Sed ni ne detruas nur por detrui, sed detruas por konstrui. Se ni ne scipovas konstrui, ni ne scipovas detrui; se ni ne scipovas detrui, ni ne scipovas konstrui. Nur laŭforme diferencas konstruo kaj detruo, sed laŭspirite detruo estas ĝuste konstruo, ekzemple, ni intencas detrui la japanan potencon, unue, por detrui alinacian regadon. Kial? Super la nomata "Koreujo" aŭtokratie regas la alia nacio nomata "Japanujo", tial Koreujo, kiu estas sub la aŭtokratio de la alia nacio, ne estas propra Koreujo, kaj do estas, ke ni detruas alinacian regadon por trovi propran Koreujon.

Due, por detrui privilegian klason. Kial? Super la nomata "korea popolo" opresas privilegia klaso de tia rabistaro kiel la ĝenerala guberniestro, tial la korea popolo, kiu estas sub la opreso de privilegia klaso, ne estas libera korea popolo, kaj do estas, ke ni disfaligas privilegian klason por trovi liberan korean popolon.

Trie, por detrui priraban ekonomian sistemon. Kial? Ekonomio, kiu estas sub priraba sistemo, ne estas ekonomio, kiun la popolo mem organizas por vivi sian vivon, sed estas ĝuste ekonomio, kiun la rabisto, kiu intencas kaptmanĝi la popolon, organizas por dikigi sian karnon, kaj do estas, ke ni detruas priraban ekonomian sistemon por progresigi popolan vivon.

Kvare, por detrui socian malegalecon. Kial? Super malfortulo estas fortulo; super malaltrangulo estas altrangulo, tial ĉiu malegala socio estas socio, en kiu homoj rabas sin reciproke, ekspluatas sin reciproke, ĵaluzas kaj malamike rigardas sin reciproke, tiel ke la socio komence damaĝas majoritatan popolon por minoritata feliĉo kaj poste minoritato inter si damaĝas unu la alian kaj fine tutpopola feliĉo nur estas nulo, kaj do estas, ke ni detruas socian malegalecon por pligrandigi tutpopolan feliĉon.

Kvine, por detrui sklavan kulturpenson. Kial? Ĉu religio, etiko, literaturo, pentroarto, moro, kutimo kaj io ajn de hereda kulturpenso ne estas fabrikitaj de fortulo kaj pledantaj por fortulo? Ĉu ili ne estas diversaj iloj liveritaj por la distriĝo de fortulo? Ĉu ili ne estas anestezaj substancoj, kiuj sklavigas ordinaran popolon? Minoritata klaso estas fortulo, kaj male majoritata popolo estas malfortulo kaj ne povas rezisti kontraŭ maljusta opreso tial, ĉar ĝi estas tute katenita de sklava kulturpenso. Se ni ne fortrancĵas la katenon iniciatante popolan kulturon, ordinara popolo havas malfortan penson pri rajto kaj interesmankon pri pliliberiĝo, tiel ke ĝi nur migradas en la sorto de sklavo, kaj do estas, ke ni detruas sklavan kulturpenson por iniciati popolan kulturon.

Se paroli denove, estas, ke ni disfaligas la fenomenon de "alinacia regado", "priraba sistemo", "socia malegaleco" kaj "sklava kulturpenso" por konstrui la Koreujon de "propra Koreujo", "libera korea popolo", "popola ekonomio", "popola socio" kaj "popola kulturo". Tial detrua spirito estas ĝuste konstrua aserto. Se detrua spirito eliras, ĝi estas la "sabro" de detruo; se ĝi envenas, ĝi estas la "flago" de konstruo. Se ni ne havas la spiriton detrui kaj nur havas la malsaĝan penson konstrui, ni ne povas eĉ sonĝi revolucion kun la paso de kvincento da jaroj.

Jam nun ni scias, ke detruo kaj konstruo estas unu kaj ne estas du; ni scias, ke nepre estas popola konstruo antaŭ popola detruo; ni scias, ke la nuna korea popolo nur per popola perforto detruas la potencon de la rabisto Japanujo, kiu malhelpas la konstruon de nova Koreujo; ni scias, ke la korea popolo unupartiiĝas kaj la rabisto Japanujo alipartiiĝas kaj ambaŭ staras "sur unutrunka ponto", kie se vi ne ruiniĝas, mi ruiniĝas. Ni, dudek milionoj da popolo, do unuanime kuniĝos kaj antaŭeniros laŭ la vojo de perforto kaj detruo.

La popolo estas la granda ĉefsidejo de nia revolucio.

Perforto estas la ununura armilo de nia revolucio.

Ni eniros en la popolon; ni manprenos la popolon;

per senĉesa perforto (murdo, detruo, tumulto)

ni renversos regadon de la rabisto Japanujo;

ni reformos ĉiujn sistemojn absurdajn en nia vivo;

ni konstruos idealan Koreujon, en kiu la homaro ne povas subpremi la homaron kiel la homaro kaj la socio ne povas ekspluati la socion kiel la socio.

Januaron de la jaro 4256[26]

La Heroa Korpuso[27]

---

26 Jaro 4256: la jaro kalkulita de post la fondo de Danguno en 2333 antaŭ Kristo; ĝi identas kun la jaro 1923 post Kristo.

27 Heroa Korpuso 의열단 義烈團: armita organizaĵo por la sendependiĝa movado de Koreio; ĝi fondiĝis en Ŝanhajo kaj aktivis de 1919 ĝis 1928 sub la gvido de KIM Wonbong, aranĝante diversajn perfortajn okazaĵojn.

2부
조선혁명선언
해설

조선혁명선언의 의의

'천하의 정의로운 일을 맹렬히 실행'하려는 의열단의 의지 천명

「조선혁명선언」은 1923년 1월 재중 한인 의열단체인 의열단이 민족 사학자인 신채호(申采浩, 1880~1936)에게 의열단(義烈團)의 이념과 방략을 이론화해 줄 것을 의뢰하여 발표한 선언서이다.

1919년 3·1운동이 일제의 무력 진압으로 외교와 평화적 노력이 좌절되자, 국내외의 많은 독립운동가들이 외교론과 준비론을 회의하게 되었다. 이에 일본 제국의 침략에 무력으로 맞설 독립 투쟁에 걸맞은 방안으로 사회주의 또는 아나키즘 사상을 찾게 되었다. 방법론은 무장 투쟁이었다.

'천하의 정의로운 일을 맹렬히 실행'하겠다는 공약을 내걸고 1919년 11월 9일 만주 지린성(吉林省) 지린 성내에서 김원봉(金元鳳, 1898~1958) 등 독립운동가 열세 명의 주도하에 조직된 의열단은 암살·파괴·폭동 등을 중요한 운동 전략으로 채택했다. 창단 당시 단원은 신흥무관학교 출신이 주축이었다. 의열단의 이념 및 방법론적인 방향은 김원봉의 동향 선배이며 고문인 김대지(金大池, 1891~1942)와 황상규(黃尙奎, 1890~1930)의 영향이 컸다. 이후 의열단 활동은 밀양과 부산 경찰서 투탄 의거(1920년), 조선총독부 투탄 의거(1922년), 황포탄 다나카 기이치(田中義一) 육군 대장 암살 의거(1922년), 대규모 국내 폭탄 반입(1922년) 등 암살·파괴 활동에 집중되었다.

하지만 의열단의 투쟁 일변도 운동 노선에 비판과 비난이 일면서 내부에서 독립운동 이념과 방략을 정립해야 한다는 요구가 있었다. 이에 의열단 의백 김원봉은 통신 연락 겸 선전 업무 담당자이며 아나키즘 이론가인 류자명(柳子明, 1894~1985)과 평소 존경하던 역사학자 신채호를 찾아가 선언문 집필을 요청했다. 신채호와 류자명은 약 한 달 동안 모 중국인 집에서 합숙하면서 선언문을 작성했다. 이로써 의열단의 혁명 노선뿐만 아니라 민족 혁명의 방향을 제시한 전문 육천사백여 자에 다섯 개 장으로 구성된 「조선혁명선언」을 발표한 것이다.

'파괴가 곧 건설', 민중 직접 혁명으로
'신조선 건설'을 주창

선언문은 먼저 '강도 일본'이 우리의 국호를 없애고 정권을 빼앗으며, 생존적 필요조건을 다 박탈했음을 통렬히 비판했다. 일제가 헌병 정치, 경찰 정치를 사납게 시행하여 "우리 민족이 한 발짝도 맘대로 움직이지 못하고 언론·출판·결사·집회의 일체 자유가 없"다고 진단하고, "환해 삼천리가 하나의 커다란 감옥이 되어" 인류의 자각을 잃을 뿐만 아니라, 본능까지 잃어 노예에서 기계가 되어 "강도 수중의 사용품이 되고 말았다."라고 규탄했다. 이천만 조선 민족의 생존권과 자유를 철저히 유린·말살해 온 일본은 제국이라는 이름의 침략주의 간판의 강도 국가에 불과하고, 그러한 강도 일본이 "할 수 있는 데까지 참혹한 수단을 써서 공포와 전율로 우리 민족을 압박하여 인간 '산송장'을 만들려 한다."고 보았다.

선언문은 국내에서 일고 있는 내정 독립론이나 참정권론, 자치론과 문화 운동에 대해 엄중히 비판했다. 즉 내정 독립을 찾는다 해도 각종 이권을 찾지 못하면 굶주린 귀신이 될 뿐이다. 참정권을 획득한다 해도 식민지 인민이 되어 굶어 죽는 재앙을 막을 수 없다고 보기 때문이다. 또 자치를 얻어도 일본이 강도적 침략주의로 존재하는 이상 어찌 민족적 생존을 유지할 수 있겠는가라고 반문하며 문화 운동 역시 강도 일본의 비위에 거슬리지 않을 언론의 발전이 도리어 조선의 불행이 아닌가 비판한다. 이러한 이유로 "우리 생존의 적인 강도 일본과 타협하려는 자와 강도 정치 아래에서 기생하려는 주의를 가진 자 모두 적과 동일하다."고 선언했다. 아울러 '평화 회의, 국제 연맹'에 의존하는 외교론에 대해 '도리어 이천만 민중의 용기를 떨쳐 전진하려는 의기를 없애는 매개가 될 뿐'이라 비판했다. 준비론 역시 일본이 압박하여 경제가 날로 곤란하고 생산 기관이 박탈된 상황에서는 일장의 잠꼬대가 될 뿐이라 비판했다. 따라서 이러한 외교나 준비론의 미몽을 버리고 민중 직접 혁명의 수단을 취할 것을 선언했다.

선언문은 조선 민족의 생존 유지를 위해서는 오직 혁명으로써 할 뿐이며 혁명 이외에는 강도 일본을 구축할 방법이 없다고 단정한다. 혁명의 첫걸음은 '민중의 각오'이며 곧 '먼저 깨달은 민중이 민중 전체를 위하여 혁명적 선구가 됨'이 첫 번째 길이라 설파한다. 그러므로 민중을 각성시켜 강도 통치를 타도하려면 "십만 양병이 폭탄을 한 번 던진 것만 못하며, 억만 장 신문·잡지가 한 번의 폭동만 못하다."고 보았다. 실제로 일본 식민 통치자들이 가장 두려워한 것은 대한민국 임시정부 요인이나 언론·문화 운동자의 선전 활동이 아니라 의열단 단원들이 총과 폭탄으로 의열 투쟁임을 부인할 수 없다.

"혁명의 기록은 참혹하고 장엄한 기록이 되리라."고 내다본 선언문은 폭력의 목적물로 1. 조선 총독 및 각 관리와 공리, 2. 일본 천황 및 각 관리와 공리, 3. 정탐노, 매국적, 4. 적의 일체 시설물로 설정하였다. 나아가 우리 행동을 완화하고 중상모략하는 자와 조선 민족의 생존을 위협하는 데 선봉에 선 일본인 이주민도 폭력으로 쫓아낼 것이라 선언했다.

나아가 혁명의 길은 파괴에서 개척하지만 건설하려고 파괴하는 것이라 선언문은 정의한다. 그러면서 파괴 대상으로 1. 이족 통치(異族統治), 2. 특권 계급, 3. 경제 약탈 제도, 4. 사회적 불평등, 5. 노예적 문화 사상을 꼽았다. 이러한 파괴를 통해 '고유적 조선의', '자유적 조선 민중의', '민중 경제의', '민중 사회의', '민중 문화의' 조선을 건설하고자 한다는 목표를 분명히 밝혔다. 따라서 이천만 민중은 일치단결하여 폭력·파괴의 길로 나아가자고 주창했다. 선언문의 대미는 "강도 일본의 통치를 타도하고, 우리 생활에 불합리한 일체 제도를 개조하여 인류로써 인류를 압박치 못하며, 사회로써 사회를 박탈하지 못하는 이상적 조선을 건설"하자는 것이다. 조선혁명의 진수는 바로 거기에 있다고 할 수 있으니, 혁명 선언이 결코 맹목적인 폭력 예찬론이 아니라 새 나라 건설 이념을 담고 있다고 하겠다.

의열단원들의 가슴에 품은
당당한 민족 혁명의 자부심

「조선혁명선언」은 소책자 형태로 인쇄되어 의열단 단원들을 비롯해 대한민국 임시정부 요인들과 국민대표대회 참석자 등 각 단체 대표들에게 배포되어 큰 호응과 반향을 일으켰다. 이 선언문 발표를 계기로 단원들의 사기와 자부심이 크게 고양되었을 뿐만 아니라 새로 가입하는 독립지사들이 크게 늘어났다. 거사에 파견되는 단원들도 반드시 선언문을 휴대하여 이를 선전하였다고 한다. 이러한 선언문을 통해 의열단은 창단 시 공약에 담은 대로 민중 주체의 민족 혁명과 '민중적 경제·사회·문화의 건설'이라는 독립운동의 목표를 가슴에 품고 당당히 민족 혁명에 임했다.

　신채호는 「조선혁명선언」 첫머리에서 "강도 일본이 우리의 국호를 없애며, 우리의 정권을 빼앗으며, 우리의 생존적 필요조건을 다 박탈하였다."라고 선언했다. 이어서 생존에 필요한 경제적 조건 박탈, 자유 박탈로 전 조선인의 노예화, 무고한 백성을 살육하는 만행 등을 이유로 들었다. 그리고 최종적으로 일본 강도 정치 곧 이족 통치가 조선 민족의 생존의 적임을 선언하고, 아울러 혁명으로 생존의 적인 강도 일본을 쳐 죽이는 것이 곧 정당한 수단임을 명명백백하게 선언했다.

　1910년의 경술국치(庚戌國恥), 이른바 한일 병합 조약을 체결한 일제는 대한제국의 모든 것을 수탈하기 시작하였다. 그러나 이미 일제는 오래전부터 조선 수탈을 준비하고 있었다. 1875년 운요호 사건 때부터 일본에서는 정한론(征韓論)이 대두되었으며, 1876년 강화도 조약 체결 이후 일본은 본격적으로 조선 점령 작업에 착수하였다.

조선에서 임오군란(1882), 갑신정변(1884) 등이 일어나 사회적 혼란이 가중되자 1894년 동학 농민군이 봉기했다. 그러자 청군 3천여 명이 아산만으로 상륙했고, 일본군 7천여 명도 인천으로 상륙해 7월 23일 경복궁을 점령했다. 일제가 경복궁을 기습·점령한 것은 청과의 전쟁에서 유리한 위치를 차지하기 위해서였다. 이후 청일전쟁과 러일전쟁에서 승리한 일제는 조선 지배권을 국제적으로 묵인받기에 이르렀다. 이 과정에서 일제는 민비(이후 명성황후로 추존)를 시해했고(1895), 여러 '조약'을 빌미로 조선을 침탈했다.

일제는 이미 화폐 정리 사업(1904)으로 대한제국 재정을 장악하고 을사늑약(1905)으로 대한제국의 외교권을 강탈해 조선을 경제적·외교적으로 착취하려는 사전 작업을 마쳤다. 이후 일제는 본격적으로 경제 수탈을 자행하기 위해 1908년에 동양척식주식회사를 만들었다. 동양척식주식회사에서 수탈한 토지는 조선으로 이주한 일본인에게 불하하여 일본인 지주가 증가하는 발판이 되었다.

신채호가 '생존적 필요조건의 박탈'이라고 표현한 것처럼 일제는 강제 병탄 후 한국에 있는 모든 것을 빼앗아 갔다고 해도 과언이 아니다. 한국이 일본에 빼앗긴 것을 모두 되찾기 위해서는 일본을 삼십육년 간 지배해야 가능할 것이라는 말도 일본의 수탈이 이처럼 광범위하게 자행되었기 때문에 나온 것이다.

선언문에서 언급했듯이 일본은 산림, 시내와 연못, 철도, 광산, 어장, 소공업 원료 등 모든 것을 다 빼앗아 갔다. 일제는 물적 자원뿐 아니라 인적 자원까지 수탈하기 위해 1909년 '민적법'을 시행하여 한국인의 인구수와 인구 이동, 경제 활동 실태 등을 파악하고자 했다. 그리고 1911년 조세 수탈을 위해 '국세 징수령'과 '국세 징수령 시행 규칙'을 마련하고 각종 명목으로 세금을 부과하여 조선인의 피 한 방울까지 모두 빨아가려고 했다.

한편 1910년대 후반 일본 국내에서 식량 부족 문제가 사회 문제로 대두되었다. 이를 해결하기 위해 '산미 증식 계획'을 세웠는데 한국을 일본의 식량 공급 기지로 만들기 위한 흉계였다. 이에 따라 일제는 '농회법'과 '조선 농회령'을 만들어 조선의 영세 농민들을 착취하기 시작했다. 일제의 이러한 정책은 결국 1920년대에 소작 쟁의가 극렬하게 일어난 원인이 되었다. 또 일제는 조선의 상업을 억압하고 지배하기 위해 '회사령'과 '조선 광업령', '어업령' 등을 만들어 한국인의 자본 육성을 막고 일본인의 자본 육성을 꾀했다.

이러한 경제 수탈로 신채호의 말처럼 '딸깍발이(게다를 신을 때 나는 소리에 빗대어 일본인을 낮잡아 이르는 말)'들쌀에 버티지 못한 수많은 한국인들은 고향 땅을 떠나 북쪽의 서간도, 북간도, 심지어는 시베리아까지 이주하게 되었다. 실로 "굶주린 귀신으로부터 떠돌아다니는 귀신"이 될 지경이었다.

1919년 3·1운동이 일어난 뒤 일제는 헌병 경찰 통치를 문화 정치로 변경한 것처럼 보였다. 사실은 민족을 분열시키기 위한 술책이었다. 단적인 예로 조선 총독은 모두 무관 출신이었으며 문관 출신은 단 한 명도 없었다. 또 헌병 경찰제를 폐지한다고 했지만 헌병이 군복을 벗고 경찰복으로 갈아입었을 뿐이었다. 경찰서 수도 전년도 99개에서 251개로, 경찰관 주재소는 전년도 532개에서 2,354개로 오히려 증가했다. 이 경찰서 숫자만으로도 이들이 말하는 문화 통치라는 것이 허울뿐인 속임수라는 것을 알 수 있다. 심지어 신설된 경찰서나 주재소의 시설 비용을 국비가 아니라 지방에 떠넘겼기 때문에 부담이 온전히 조선인에게 전가되었다.

소위 문화 통치가 시작되면서 조선총독부에서는 이에 맞춰 교육 체계도 바꾸었다. 1922년 제2차 『조선 교육령』을 발표해 헌병 경찰 통치 시기에 포함되지 않았던 고등 교육을 허가하고 초

등 교육을 6년으로 연장하였다. '조선어 및 한문'을 보통학교 필수 과목에 포함시켜 이전부터 필수 과목이었던 '일본 역사'와 '일본어'와 형평을 맞춘 것처럼 포장한다. 그러나 단군을 일본 소잔명존(스나노오노미코토, 일본 태양신인 아마테라스 오미카미의 동생으로 폭풍신으로 알려짐)의 형제라고 왜곡하고 임나일본부를 날조하는 등 역사 왜곡도 서슴지 않았다. 이렇듯 개정된 교육 정책은 사실상 조선 민족을 점차 '일본인'으로 만들어 조선 민족을 말살하려는 술책에 불과했다.

더군다나 일제는 자신들의 만행에 저항하는 조선인들에게 전세계 어디에서도 찾아볼 수 없는 악형을 혹독하게 가했다. 차마 인간으로서 입에 올리기도 부끄럽다. '찍도 쩍도 못 하게' 조선 전역을 공포의 도가니로 몰아넣어 일개 감옥으로 만들어 버렸다. 그리하여 우리 민족은 "자동적 본능까지 잃어 노예부터 기계가 되었고" 아예 "강도 수중의 사용품이 되고" 말았다.

이처럼 일제가 우리 민족에게 행한 악행은 단지 특정 민족 차원의 악행이 아니다. 일제의 만행은 나치가 유대인들에게 행한 것처럼 인간이 인간에게 해서는 안 될 인류 중대 범죄행위다. 그러므로 일제의 식민 지배는 나치의 범죄처럼 어떤 경우에도 절대 용서받거나 용서할 수 없다.

우리나라에서는 예전부터 '의병'이 있었다. 의병은 외적의 침

입을 물리치기 위해 백성들이 자발적으로 만든 의로운 민병조직
이라는 뜻이다. 이들의 구국 투쟁은 누구보다 강렬했고 맥이 끊
어지지 않고 이어졌다. 1909년 일본군이 벌인 '남한 대토벌 작
전' 이후 의병은 대부분 사라졌다. 그러나 의병 운동이 완전히
끝난 것은 아니었다. 1910년 경술국치가 이루어진 뒤에도 경상
도 소백산 일대에서 이강년 부대의 잔여 의병들이 항전을 이어
갔고 황해도에서는 채응언 등이 항전을 계속했다. 일제의 탄압
이 갈수록 거세지자 1913년 무렵 마지막까지 남아 있던 의병들
이 만주와 연해주 등으로 터전을 옮겼다. 그리고 대한독립의군
부와 대한광복회 등을 조직해 독립운동을 계속 이어갔다. 1910
년대 독립운동 전략은 전쟁을 통해 나라를 되찾는 '독립 전쟁론'
이었다. 이러한 무력 항쟁은 1920년대 봉오동, 청산리 대첩의 기
틀을 마련했다는 의의가 있다.

1919년 3·1운동이 일어난 뒤, 무장 독립 투쟁이 활기를 띠며
본격적으로 일본군과 전투를 벌였다. 일본군과 여러 번 교전이
있다가 1920년이 되면서 만주 봉오동, 청산리에서 독립군은 일
본군을 대파하며 대승을 거두었다. 그러자 일제는 간도 지역에
거주하는 한인들을 학살하는 '제노사이드(집단·종족 학살)'로 보
복했다.

일본은 봉오동·청산리 전투 이후 만주 지역에 근거지를 구축하고 항일전을 펼치고 있던 독립군을 소멸시키기 위해 '간도 지방 불령 선인 초토 계획'을 세워 놓았다. 이를 위해 일본 군대가 만주로 들어갈 수 있는 명분이 필요했다. 당시 중국은 신해혁명을 겪으며 청나라가 망하자 지역마다 여러 마적단이 횡행하고 있는 매우 혼란스러운 상황이었다. 그래서 일제는 이들 마적단을 이용하기로 하고 매수해 만주 길림성에 위치한 도시 훈춘(琿春)을 습격하는 자작극을 꾸몄다. 그런데 이 정보를 미리 입수한 독립군은 이들보다 먼저 훈춘으로 들어가 일본 영사관을 습격했다. 이에 당황한 일본군은 간도에 거류하는 자국민을 보호한다는 명목으로 간도 출병 작전을 단행했다. 일본군은 항일 부대뿐만이 아니라 민간 한인 마을까지 공격해 수많은 한인 사회가 파괴당했고 셀 수 없이 많은 한인들이 학살되었다(경신참변, 1920).

일본군은 한인을 그냥 학살한 것이 아니다. 이들은 가는 곳마다 거주민을 도륙하고 사람의 신체를 두 동가리 세 동가리 내어 죽였다. 어린이까지 악형을 가하고 부녀자의 생식기를 손상하는 등 일본군은 상상할 수 있는 모든 참혹한 수단을 사용해 한인들을 공포와 전율에 떨게 했다. 이에 비하면 나치의 유태인 학살이 차라리 나은 편이라 해도 지나친 말은 아닐 것이다. 이 또한 이들을 절대로 용서할 수 없는 이유다.

일제는 대한제국을 강제로 합병하여 정권을 빼앗고 국호를 없앴지만 신채호는 국호와 정권이 아닌 '생존 조건'을 집중적으로 거론했다. 이처럼 민중이 당면한 처지가 열악했기에 신채호는 국호나 정권보다 '생존권'을 더 자세하게 열거했다. 당장 생존 자체를 위협받고 있는 처지에서 국호나 정권은 먼 나라 이야기일 수 있다. 필요성은 느끼지만 당장 죽음의 문턱에서 벗어나야 하므로 부차적인 문제로 밀릴 수밖에 없었다. 그리고 이미 국권을 빼앗긴 지 십 년도 더 지났다.

상황이 이러해 민중이 모두 죽어 없어진다면 정권을 어디에 세우고 국호를 어디에 붙일 것인가? 바로 여기서 신채호는 '민중'의 중요성을 자각하고, 민중 '생존'이 심각하게 위협받고 있다고 경각심을 갖지 않을 수 없었다.

그러므로 신채호는 제일 처음에 미중이 생사의 위기에 당면했음을 '선언'해 독립운동가뿐 아니라 온 민중에게 심각성을 자각시키려고 했다. 그리고 다음 구절부터 박탈당한 생존적 필요 조건을 나열하여 그렇게 된 원인이 '일본'에게 있음을 명시했다. 이를 통해 일본은 곧 '강도'이며 강도 일본을 '살벌(殺伐)'하는 것이 당연하고 급선무임을 천명한 것이다.

2장

1장에서는 외부의 적인 강도 일본을 척살하자고 주장했다. 이어진 2장에서는 내부의 적인 타협론자와 문화론자들을 모두 '적'으로 규정했다.

국내 지식인들은 내정 독립, 참정, 자치를 주장했다. 언뜻 보았을 때 식민지 조선이 일본으로부터 조선을 유지하는 현실적인 방안으로 보일 수 있다. 1919년 3·1 독립 만세 운동으로 일제로부터 완전한 독립이 즉각 이루어지지 않았고, 독립 전쟁을 불사하기에는 조선과 일본의 역량 차이가 너무나 컸기 때문이다. 그래서 부분적인 조선 독립, 즉 조선총독부는 그대로 두더라도 조선인의 내정은 조선인이 할 수 있게 해달라는 '내정 독립론, 선거권(참정권) 요구, 조선인의 자치' 등을 요구하자는 주장이 대두됐다. 그러나 이것은 조선총독부가 조선 지식인들에게 제안한 타협안이었다.

그래서 선언서에서는 이러한 주장을 하는 자들을 모두 강도 일본과 마찬가지로 '적'으로 규정했다. 이전부터 이러한 감언이설이 존재한 결과 1910년 한일 강제 병합이 이루어졌기 때문이다. 신채호는 내정 독립, 참정권, 자치 등이 만에 하나 허락된다고 해도 "강도적 침략주의의 간판인 '제국'이란 명칭이 존재한 이상, 그 지배하에 있는 조선 인민"은 '민족적 생존을 유지할 수' 없다고 단언했다.

한일 의정서와 을사늑약, 정미 7조약 등 일본과 체결한 조문에는 '동양 평화', '이해 공통주의', '한국 국민의 행복 증진' 등의 문구가 있지만 이는 단지 허울뿐이었다. 이미 고종 황제는 미국 등 우호국들에 친서를 보내고 1907년 네덜란드 헤이그에서 열린 만국평화회의에 특사를 파견하여 국제 사회에 을사늑약의 무효를 호소했다. 그러나 일본의 방해 공작과 제국주의 열강의 외면으로 별다른 성과를 보지 못했다.

오히려 일본은 이를 빌미로 고종 황제의 퇴위와 정미 7조약 체결을 강요했다. 1907년 7월 20일 순종 융희 황제가 즉위하자 일본은 이완용을 이용해 대한제국 국권을 장악할 수 있는 조약을 체결했다. 이 조약의 목적은 일제 통감의 대한제국 내정 장악이었다. 을사늑약에서 통감은 오로지 외교 사항을 관리한다고 명시했다. 그러나 정미 7조약에서는 이를 확장시켜 대한제국의 법령 제정 및 행정 처분 업무, 관리의 임명권까지 통감 역할로 명시했다. 조선 인민의 생명과 재산, 자유를 보호한다는 것은 모두 미명뿐이며 거짓말이었다. 무엇보다 이 조약에는 대한제국 군대를 해산한다는 비밀문서가 포함되었다. 이처럼 일제가 대한제국과 국가적 차원에서 약속한 '조약'은 모두 거짓이었다. 그런데 이들을 어떻게 믿고 '내정 독립, 참정권, 자치' 등을 주장할 수 있겠는가?

선언서에서는 조선이 '내정 독립'을 되찾는다 하더라도 '이권'을 찾지 못하면 '전과 똑같이 굶주린 귀신이 될 뿐'이라고 지적했다. 근대적 조약 체결 과정에서 조선은 대외적으로 자주독립을 선언했다. 그러나 실상은 제국주의 열강들과 불평등한 관계를 맺으며 이권을 침탈당했다. 애초에 조선과 근대적 조약을 체결하고자 한 제국주의 열강은 식민지 경쟁에서 조선의 자원과 권리를 약탈하는데 목적을 두었기 때문이다. 그들이 한국 땅에서 노렸던 '이권'은 철도, 광산, 전기 등 국가의 기관 산업 부문과 쌀, 삼림, 어업 자원과 같이 민중의 생존과 직결되는 자원도 있었다. 이러한 침탈과 약탈은 필연적으로 조선 민중들을 아귀, 즉 '굶주린 귀신'으로 몰아갈 뿐이다. 이권 없는 내정 독립 결과는 이미 대한제국이 뼈저리게 겪은 역사적 경험이었다.

일제에 강점된 상황에서 참정권도 마찬가지였다. 조선총독부는 일본의 식민 지배 정책을 지지하는 세력들에게만 '참정권'을 이야기했으며 그마저도 명목뿐이었다. 이러한 사실을 보여주는 대표적인 기관이 바로 '중추원'이었다. 1919년 3·1운동 이후 조선총독부는 중추원에 민의 수렴 기능을 추가하여 마치 조선인들에게 '참정권'을 줄 것처럼 정원을 65명으로 늘리고, 지방 참의(參議)의 경우 도지사에게 추천을 받아 도별로 1인씩 13명을 임명했다. 그러나 실제로 지방 참의는 지역 자본가이거나 여론을 선도하는 '엘리트'였다. 중추원 참의는 일종의 명예직으로 조선총독부 정책에 직접적으로 영향력을 행사할 수 없었다. 결국 중추원은 조선총독부 정책에 협조적인 친일 자산가들이 중심이되어 총독부 정책을 조선 민중에게 선전하고 하달하는 역할만을 맡았을 뿐이다.

'자치 운동'은 조선의 완전한 독립 대신 주권은 일본이 갖되 내정은 조선인들이 담당하게 해달라는 주장, 또는 조선총독부는 존치하되 조선에 자치 의회를 구성해 달라는 주장에서 나온 운동이었다. 3·1운동 이후에도 독립이 바로 되지 않자 차라리 일본에 타협해 조선총독부 지배 아래에서 조선인들의 권리와 이익을 지키려 나온 주장이었다.

1920년대 초반, 이른바 조선총독부의 소위 '문명적 통치' 아래에서 각종 청년회 운동, 교육 진흥 운동, 물산 장려 운동 등 문화적·경제적 실력 양성 운동이 전개되었다. 이러한 민족 운동들은 통칭 '문화 운동'이라 불렸다.

'실력 양성론'은 이미 1905년~1910년 계몽 운동(자강 운동) 시기에 국권 회복을 위한 방법론으로 제기되었다. 그런데 3·1운동의 좌절과 1921년 말 '태평양 회의'에서 외교 운동이 좌절되자이 방법이 다시 대두되었다. 실력 양성론자들은 당분간 독립은절망적이므로 교육과 산업의 진흥 등 실력 양성에 주력해야 한다고 주장했다. 또한 독립 기회가 오더라도 독립할 수 있는 능력이 있어야 이용할 수 있을 것이기 때문에 먼저 실력을 기르는 것이 급선무라고 주장했다.

여기에 더한 비약 논리가 최남선·이광수 등이 주장했던 '민족개조론'이다. 신조선 건설을 위해서는 먼저 사회를 구성하는 개개인의 능력 발전과 인격 향상이 선결 과제이며, 그런 개인을 만들기 위해서는 개인 개조, 특히 '내적인 정신 개조'가 필요하다는주장이었다.

조선총독부는 궁극적으로 독립을 목적으로 하는 양성운동으로 '문화 운동'을 파악했지만 오히려 조선인들이 문화적 방법에따른 운동으로 노선을 전환하는 것을 크게 환영했다. 그리고 이운동을 체제 내적인 운동, 더 나아가 동화주의를 지향하는 친일운동으로 유도하고자 했다. 청년회 운동, 물산 장려 운동, 민립 대학 기성 운동, 그리고 민족 개조론 등은 모두 비정치적이었고, 어디까지나 식민지 지배하에서 신교육 보급, 구관습 개혁, 민족 자본 육성을 목표로 했다는 한계를 지녔기 때문이다.

이러한 이유로 신채호는 「조선혁명선언」에서 '신문화의 건설' 은 일제 지배자들에게 좌지우지돼 한계가 뚜렷하다고 말한다. 아니면 왜곡된 방향으로 진행될 수밖에 없다고 지적했다. 특히, '민족 자본'의 보호 육성을 핵심으로 하는 물산 장려 운동이 실패로 끝나자 조선인 자본가들은 크게 동요했다. 동시에 사회주의 및 아나키즘이 대두해 노동·농민운동을 주도하자 조선인 자본가들은 커다란 위협으로 인식했다. 이들에게는 금전적 이익이 조국의 독립과 조선 민중의 자유와 행복보다 우선이었기 때문이다. 그래서 이들은 조국의 독립과 일본의 지배 사이에서 일종의 타협안을 제시했던 것이다.

한편 1910년, 일제에 강제 병합된 뒤 조선 내 기관지는 〈매일신보(毎日申報)〉뿐이었다. 〈매일신보〉는 조선총독부의 정책 등을 식민지 조선에 홍보하는 총독부 기관지였다. 그 와중 1919년 3·1운동이 일어났고, 이후 총독으로 취임한 사이토 마코토(齋藤實)는 "언로(言路)의 폐쇄가 3·1운동을 미연에 막지 못한 원인"이라고 판단하며 한글 신문 창간 허용, 곧 조선인의 언론사 설립을 허가했다. 이는 '조선 민족의 불평을 완화해 주는 안전판'이었다.

이를 계기로 〈조선일보〉·〈동아일보〉에 뒤이어 〈중외일보〉·〈중앙일보〉·〈시대일보〉 등의 신문이, 잡지로는 『개벽』·『삼천리』 등이 발간됐다. 언뜻 조선인의 조선인에 의한 조선인을 위한 언론이 활성화되는 것처럼 보였다. 실제로 1920년대 한글 신문들은 민족 계몽과 각성을 목적으로 민중의 표현 기관을 자임하면서 일제에 '저항'했다. 항일 지식인들은 총독부 정책을 비판하는 등 항일 투쟁의 일환으로 신문을 활용하기도 했다.

그럼에도 언론 기관지는 전적으로 조선 민중의 목소리를 대변하지 못했다. 언론사 설립에 필요한 재정은 친일 단체였던 대정친목회 또는 송병준과 같은 친일파 돈으로 충당되었고, 신문 발행권은 조선총독부의 허가를 받아야 했다. 그리고 신문 기사는 모두 총독부의 지속적인 검열을 거쳐야 했고, 그마저도 정간과 휴간을 당하기 일쑤였다.

신채호는 조국의 독립에 그 어떤 기여도 하지 못하고 오히려 일본의 지배에 악용될 뿐인 내정 독립, 참정권, 자치 운동 등의 주장을 상세한 논리를 들어 비판했다. 실력 양성론에 대해서도 '조선총독부 지배 아래의 합법적인 범위'라는 한계를 그어 놓는 한 진정한 독립은 불가능하다고 단정했다. 이러한 행위는 결국 문명적 통치를 표방하면서도 이면에서는 또다시 조선 민중을 노예로 길들이고자 한 일본 제국주의의 의도에 부합하는 결과로

이어진다. 그러므로 이처럼 일제에 빌붙어 타협론과 문화 운동을 부르짖는 행위로는 조선의 독립을 가져올 수 없고, 오히려 민중을 현혹시켜 독립을 저해하는 꼴이 되고 만다. 이것이 이들을 일제와 똑같이 적으로 간주한 이유다.

3장

이어서 신채호는 외교론과 독립 전쟁 준비론 등, 기존의 독립 운동 방법론을 혹독하게 비판했다. 외교론과 독립 전쟁 준비론을 주장하는 이들이 타협론자나 문화론자처럼 '적'은 아니지만 그 방향성에 심각한 문제가 있었기 때문이다.

외교론에 대해서 신채호는 조선 오백 년 동안 이어진 문약 정치의 폐해를 비판했다. 근래에는 그 폐단이 더 심해져서 갑신정변(1884) 이래로는 외세를 끌어들일 생각만 하고 나라가 멸망하게 생겼는데도 나아가 싸우지 않고 외국 공관에 탄원서나 써서 보내는 편지질이나 하고 있다고 비판했다. 그 결과 조선이 생긴 이래 처음 당하는 치욕 앞에서 민족의 분노가 겨우 안중근과 이재명의 의거, 산림 유생의 의병 수준에 머물고 말았다고 한탄했다. 그리고 해외에 망명한 인사들의 사상도 무엇보다 '외교'가 제 1장 제1조가 되어 오히려 이천만 민중이 떨쳐 일어나려는 용기를 저해하는 결과를 가져왔다고 비판했다.

　신채호는 외교론에 대해 매우 부정적이었다. 대한민국 임시 의정원이 수립될 무렵부터 신채호는 외교주의 독립운동으로 대표되는 이승만에 대해 반대 의견을 강력하게 표명했다. 1919년 이승만이 당시 미국의 대통령인 우드로 윌슨에게 "한국을 당분간 국제 연맹의 통치하에 두자."라는 내용을 담은 '위임 통치 청원'을 했기 때문이다. 이승만은 이 일로 무장 독립 투쟁을 주장했던 박용만과 이동휘 등에게 맹렬하게 비판을 받고 있었다. 그를 비판하는 사람 중에는 단연 신채호도 있었다. 1919년 4월 11일 임시 의정원에서 신채호는 "이승만은 나라를 일본에 팔아먹은 이완용보다 더한 매국 역적이다. 이완용은 있는 나라를 팔아 처먹은 놈이지만 이승만은 없는 나라까지 팔아 처먹은 놈이다."라고 맹비난했다. 이어서 국무총리 후보로 거론된 이승만에 대한 불신임안을 제출하고 국무총리를 별도로 선출할 것을 제의했다.

　준비론의 모습도 외교론과 별반 다르지 않았다. 외교에서 성과가 없자 전쟁으로 일본을 몰아내고자 했다. 그런데 문제는 외세의 침입이 더할수록 우리의 부족함이 더 크게 느껴져서 계속 '준비! 준비!'만을 외쳤다. 그런데 그 준비의 결과물은 몇몇 불완전한 학교와 실력 없는 단체에 불과하다고 일침을 가했다. 문제는 이들의 성의와 힘이 부족하기 때문이 아니라 방향이 잘못되었기 때문이다. 일제가 모든 것을 장악하고 있었으므로 실업을 발전시키고 교육을 확장하고 군대를 양성할 장소도 방법도 없었다. 설사 군대를 양성한다고 해도 일본군 전투력의 백분의 일도 되지 않을 것은 자명한 이치였다. 그리고 이것은 지금까지 노력으로 이룬 성과가 극히 미미하다는 사실에서 입증됐다. 그러므로 신채호는 이러한 주장은 잠꼬대에 불과하다고 독립 전쟁 준비론의 비현실성을 통렬하게 비판했다. 즉 지금까지 독립운동 단체에서 행하고 있던 방법론과 방향성의 오류를 지적해 모두 비판하고 물리친 것이다.

그렇다면 어떻게 해야 할까? 신채호는 "민중 직접 혁명의 수단을 취할 것을 선언하노라."라고 포효했다. 이것이 바로 의열단의 독립운동 방법론이었다.

4장

이리하여 4장에서는 본격적으로 민중 직접 혁명의 방법을 제시했다. 신채호는 '혁명'이 아니고는 강도 일본을 내쫓을 방법이 없다고 생각했다. 그렇다면 혁명은 어디서부터 시작해야 할까? 신채호는 이에 앞서 지난날 혁명이 실패한 원인을 먼저 제시했다. 결국 특수 세력의 명칭이 바뀐 것에 불과할 뿐이어서 단지 누가 더 착하고 누가 더 포악하냐 정도의 차이가 있을 뿐 일반 백성들과는 직접적인 관계가 없었다는 것이다. 이것은 민중이 자기 자신을 위해 하는 혁명이 아니었기 때문이다. 그러므로 제일 먼저 민중이 각성하여 민중이 민중 전체를 위해 혁명적 선구자가 되어야 한다고 했다.

민중의 각성은 각성하자고 부르짖어서 되는 것이 아니다. 민중 생활의 향상에 방해가 되는 불합리한 장애부터 타파해야 한다. 그 파괴는 당연히 강도 일본을 격살하고 강도 일본의 모든 시설을 파괴하는 데에서 시작해야 한다. 이처럼 신채호와 의열단은 민중의 폭력적 혁명이 조선 독립의 유일한 방법이라고 결론 내렸다.

신채호는 실패한 혁명의 최근 사례를 거론하면서 혁명이 성공하려면 '민중'과 '폭력'이 두 가지가 함께 있어야 한다고 주장했다. 선언서에서 제시한 실패 사례는 네 가지 유형이다. 첫 번째 사례는 갑신정변으로, 혁명의 주체여야 할 '민중'이 부재한 채 이루어진 쿠데타였다. 갑신정변을 일으킨 주체는 문명개화론으로 불린 급진적 개화파 관료들이었다. 이들 김옥균 일당은 일제를 등에 업고 쿠데타로 정권을 잡았지만 삼일 만에 실패했다. 오히려 명성황후가 청나라를 끌어들여 청과 일본의 조선 쟁탈전을 격화시키고 말았다. 민중이 아니라 외세에 의존한 갑신정변은 오히려 조선의 상황을 악화일로로 치닫게 하고 말았다.

두 번째 사례는 의병이다. 의병은 왕조의 교체나 권력 교체를 추구하지 않았다. 이들은 국가 수호를 추구했고 활동의 주체 또한 민중이 아니었다. 의병을 이끌었던 의병장들은 지식 계급이자 전통적인 유학을 공부한 유림, 즉 양반층이었다. 외세의 침략에 맞서 나라를 수호하고자 한 이들 양반의 지향점은 사대부 중심의 조선 체제를 더욱 굳건히 하는 것이었다. 그러므로 신분제 타파와 민중 해방 같은 시대적 열망까지 담아내기는 어려웠다. 평민 출신 의병장인 신돌석이 등장한 것은 을미의병(1895) 이후 십 년이 지난 을사의병(1905) 때였다. 이들 평민 출신 의병장은 수도 그리 많지 않았다.

세 번째 사례는 일본의 한국 강점 직전에 있었던 안중근·이재명·장인환·전명운의 의거였다. 조선의 독립을 직접적으로 저해한 이토 히로부미와 이완용, 스티븐슨을 개인의 직접 투쟁으로 제거하려 했던 중요한 의거였다. 그러나 이들의 개인 투쟁의 파급은 선언서에서 말한 '혁명'으로까지는 나아가지 못했다. 그래서 망국을 막지 못했던가. '폭력'이 있었지만 지식 계급이나 권력 쟁취를 도모하는 특수 세력이 주체가 돼 일으킨 의거가 아니었다. '민중' 주체로 생명력이 이어지지는 못했기 때문이다.

마지막으로 3·1독립 만세 운동은 일본 제국주의를 향해 국내외 조선 전민중의 동시다발로 항거했다는 점에서 의의를 지닌다. 특히, 전국 각지에서 3·1운동을 계획하고 실행한 주체가 민중이었다는 점이 고무적이었다. 그러나 3·1운동은 비폭력을 원칙으로 했다. 폭력 없이 평화적인 메시지를 담은 민중의 목소리도 의미가 있다. 하지만 이들은 조선총독부 헌병들에게 무자비하게 진압당할 수밖에 없었다. 선언서 시각에서 평가하자면 '폭력 없는 민중'의 실패한 혁명이다.

그래서 신채호와 의열단은 「조선혁명선언」을 통해 민중이 주체가 되어 폭력을 수반하는 혁명, 일본의 지배를 근본적으로 전복시키고 조선 민중이 그들의 자유와 평등과 생존권을 탈환하는 혁명을 부르짖었다. 그것만이 유일하게 혁명을 성공시킬 수 있는 방법이었기 때문이다. 이것이 의열단의 활동 방식이었고, 의열단이 너무 폭력적이라고 오해를 받는 이유이기도 했다.

잠시 의열단의 활동에 대해 살펴보자. 의열단(義烈團)은 민중 직접 투쟁의 선봉이 되기 위해 1919년 11월 9일 만주 지린성에서 신흥무관학교 출신 인물들이 중심이 되어 밤새도록 토론을 거쳐 11월 10일에 결성했다. 13명의 젊은 청년들로 시작해 처음부터 조선 독립이란 목적 달성을 위해 암살, 파괴, 폭동 등 '직접 투쟁'을 주요 운동 전략으로 채택했다. 식민지 지배의 핵심 간부와 기관들을 암살 파괴 대상으로 결정하고 정치·경제·언론·폭압 기구를 파괴하여 식민 통치를 무력화하고자 했다. 의열단의 목표물은 다음과 같다.

◎ **7가살(七可殺)**

① 조선 총독 이하 고관 ② 군부 수뇌

③ 대만 총독 ④ 매국적(賣國賊)

⑤ 친일파 거두(巨頭) ⑥ 적탐(敵探)

⑦ 반민족적 토호열신(土豪劣紳)

◎ 5파괴(五破壞)

① 조선총독부   ② 동양척식주식회사

③ 매일신보사   ④ 각 경찰서

⑤ 기타 왜적(倭敵)의 주요 기관

의열단원들은 이러한 강령과 목표를 충실히 실행했다. 의열단의 직접 행동, 파괴, 암살은 일본의 지배에 정면으로 항거한 가장 적극적인 독립운동이었다. 그럼에도 실패한 의거도 많았다. 무엇보다도 그들의 이념이 뚜렷하게 정립되지 않았다는 점이 가장 큰 문제였다. 즉 활동의 의미를 일제 지배자와 조선 민중에게 널리 파급시키기에는 단발적인 충격에 그쳤다. 게다가 의열단의 폭력적 독립운동에 대해 독립운동 세력 내에서까지 비판이 일었다. 의열단 활동의 '의미'와 '이념'을 부여할 필요성이 점치 기졌다. 이것이 바로 「조선혁명선언」이 작성된 이유였다.

신채호의 「조선혁명선언」에서는 위의 7가살 5파괴를 보다 단순화하여 제시했다. ① 조선 총독 및 각 관리와 공리(관리가 아니면서 공무를 맡아보는 사람) ② 일본 천황 및 각 관리와 공리 ③ 정탐노와 매국적 ④ 적의 일체 시설물 등 네 가지를 제시했다. 아울러 혁명 운동을 완화하고 중상모략하는 지방 신사나 부호는 물론, 이전에 없었던 '일본인 이주민'도 새로 포함했다. 그 어떤 일본인과도 조선의 독립 문제에 있어서는 타협할 수 없었던

1923년 당시 신채호의 인식을 엿볼 수 있다.

「조선혁명선언」은 반복된 실패와 실의 속에서 좌절하고 위축된 조선 청년들에게 경종의 의미도 있었다. 신채호는 "『청년에게 고함』(크로포트킨)이란 논문의 세례를 받자!"라며 청년층이 각성하고 적극 실천할 것을 호소했다. 자신(我)을 지켜내고 그 어떤 강압적인 타자(非我)로부터 노예가 되지 않도록 끊임없이 투쟁할 것을 일깨웠다.

4장에서 신채호가 제시한 민중 직접 혁명의 이론은 바로 아나키즘을 토대로 하고 있다. 일반적으로 아나키즘은 '무정부주의'라는 번역하지만 명백한 오역이다. 아나키즘의 어원은 '지배자가 없다.' 혹은 '권력이나 정부가 없다'는 의미를 지닌 그리스어 '아나르코스(anarchos)'이다. 아나키즘은 개인의 자유를 추구한다. 그러므로 이를 저해하는 모든 강요된 권위에 대해 반대하고 저항한다. 특히 이를 가로막는 사회 제도나 국가 조직을 비롯한 모든 억압에 반대한다. 실제로 세계 각국의 아나키스트들이 추구한 자유와 평등, 민주, 자유 연합, 국제 연대 등의 특징을 단지 '무정부주의'라는 용어만으로 규정할 수 없다. 그러므로 '아나키즘'이란 말은 '무정부주의'가 아니라 '무강권주의(無强權主義)'나 '무지배주의(無支配主義)'로 번역해야 할 것이다.

아나키즘은 고대 동서양의 몇몇 사상가에게서 발견되지만 현대적인 아나키즘은 19세기 유럽에서 시작되었다. 대표적인 사상가로는 피에르 프루동과 미하일 바쿠닌, 표트르 크로포트킨 등을 들 수 있다. 그중 신채호를 비롯한 한국의 아나키스트 독립운동가들은 상호부조론(相互扶助論)에 기초해 '아나르코-코뮤니즘(Anarco-Communism, 無政府共産主義)'을 주장한 크로포트킨의 사상을 적극적으로 수용하였다.

19세기 유럽에서는 헉슬리와 스펜서를 중심으로 사회 진화론이 팽배했다. 이들은 진화론을 약육강식과 적자생존으로 곡해하고 제국주의 국가가 약소국을 침략해 식민지로 삼는 것을 미화하는 논리로 악용했다. 크로포트킨은 이러한 사회 진화론에 대항하기 위해 『상호부조론』을 저술했다. 그는 이 책에서 동물이든 인간이든 서로 돕고 살아간다는 상호부조론을 주장하고 인간 사회의 모든 사회 제도 주변에서 상호부조를 발견할 수 있음을 증명했다.

한편, 국제 아나키즘 운동의 출발점이자 주요 무대였던 프랑스는 19세기 중반 이래 프루동과 바쿠닌, 크로포트킨 등이 폭넓게 활동하고 있었다. 이탈리아에서는 19세기 후반부터 봉기해 직접 행동을 전개했다. 혁명은 말보다 '행동'으로 성취하는 것임을 강조하는 분위기였다. 이처럼 독립운동을 위해 아나키즘을 받아들인 한인 독립운동가들도 '직접 투쟁'을 행동 강령으로 삼아 일제와 싸웠다. 이들은 한국의 독립을 '옳은 일(義)'로 여기며 '적에게 맹렬히(烈)' 폭탄과 총과 칼을 던졌다. 이것이 '의열 투쟁(義烈鬪爭)'의 뜻이다.

5장

4장에서 아나키즘의 직접 행동으로 민중 직접 혁명을 제시한 것에 이어 5장에서는 혁명의 시작과 방향에 대해 설명했다. 신채호는 5장 첫머리에서 '혁명의 길은 파괴로부터 개척'해야 한다고 선언했다. 건설과 파괴는 형식상으로만 구별될 뿐이지 사실은 하나라는 것이다. 그렇다면 강도 일본을 격살하는 것은 무엇을 건설하기 위한 파괴일까?

첫째, 이족 통치를 파괴하려는 것이고 둘째, 특권 계급을 파괴하려는 것이고 셋째, 경제 약탈 제도를 파괴하려는 것이고 넷째, 사회적 불평균을 파괴하려는 것이고 마지막 다섯째는, 노예적 문화 사상을 파괴하려는 것이다.

여기서 첫째, 이족 통치는 왜족, 즉 일본 민족이 조선 민족을 통치하는 것을 말한다. 둘째, 특권 계급은 조선 민중을 압박하고 착취하는 일제 총독 이하의 강도단을 말한다. 셋째, 경제 약탈 제도는 민중이 아니라 강도의 삶을 살찌우는 경제 제도를 말한다. 넷째, 사회적 불평균은 강자와 약자, 귀한 자와 천한 자로 사회가 양분되어 반목하는 것을 말한다. 강한 자와 귀한 자가 약한 자와 천한 자를 약탈해 서로 반목하고 질시하다가 나중에는 소수의 강한 자와 귀한 자끼리 서로 싸우게 되어 결국 사회 전체에서 행복이 아예 사라지고 말아 그야말로 생지옥이 될 것이다. 그러므로 사회적 불평균을 먼저 파괴해야 한다는 것이다.

　다섯째, '종교, 윤리, 문학, 미술, 풍습, 습관'이라는 '문화 사상' 자체가 이미 강자가 자신의 이익을 도모하고 보존하기 위해 만든 것이기 때문에 노예적 문화 사상의 타파를 주장한다. 강자인 소수가 다수인 민중을 불의하게 압제하는 데도 민중이 노예처럼 반항하지 못하는 것은 강자가 만든 문화 사상에 속박되었기 때문이다. 그래서 이 강자의 노예적 문화 사상을 파괴하고 민중의 진정한 문화를 만들어야 한다고 주장한 것이다. 식민 사관은 조선 민족을 일본 민족의 노예로 만들려는 대표적인 노예적 문화 사상이자 마취제였다. 그래서 신채호를 비롯한 정인보, 문일평, 장도빈 등의 민족주의 사학자들은 식민 사관에 맞서 싸웠다. 그러나 이 식민 사관이란 마취제가 오늘날 21세기도 기승을 부

리고 있으니 그 위력이 얼마나 가공한지는 더 이상 언급할 필요
가 없다.

마지막으로 신채호는 '파괴와 건설이 둘이 아님'을 강조하며
이천만 민중이 일치단결하여 폭력 파괴의 길로 나아가자고 외쳤
다. 민중 속에서 민중과 손잡고 끊임없이 암살, 파괴, 폭동 등의
폭력으로 강도 일본의 통치를 타도하고 우리 생활에 불합리한
일체 제도를 개조하여 인류로서 인류를 압박하지 못하고 사회
로서 사회를 박탈하지 못하는 이상적 조선을 건설하자고 외치며
「조선혁명선언」을 마쳤다.

신채호는 다섯 가지를 파괴하고, 그 대신 '고유적 조선의', '자
유로운 조선 민중의', '민중 경제의', '민중 사회의', '민중 문화의',
조선을 건설하자고 역설했다. 바로 이 점이 의열단 선언문인 「조
선혁명선언」이 백 년이 지난 이 시점에서도 필요한 이유이다.

이족 통치는 비록 끝났지만 조국은 남북으로 갈라졌고 북한
의 남침으로 동족상잔의 비극을 겪었으며 아직도 종전 선언이
이루어지지 않았다. 우리 민족이 아니라 이족의 이념과 이익 때
문에 남북으로 갈라졌고 또 남한 내부에서도 극심한 이념적 갈
등을 겪고 있다. 형식상으로는 이족 통치가 끝났지만 그리 개운
하지 않은 이유가 여기에 있다. 그뿐만 아니라 특권 계급, 사회적
불평등은 아직도 계속되고 있고 노예적 문화 사상도 깨지지 않

았다. 갑질은 기본이고 민중은 개·돼지라는 발언이 계속되고 있다. 우리나라는 낮은 출산율과 높은 자살률을 연이어 갱신하고 있어 이미 '지옥' 그 자체라고 해도 지나친 말이 아니다. 그러니 우리 사회는 독립 혁명가들이 꿈꾼 행복한 사회와 거리가 멀다고 할 수밖에 없다. 그분들이 이루고자 한 진정한 '독립'은 아직도 이루어지지 않았다. 그분들의 대업과 꿈을 이어받아야 할 책무가 우리에게 남아 있다.

시대와 장소가 달라지면 방법도 달라져야 한다. 지금은 일제가 우리 민족을 함부로 잡아다가 고문하고 죽이는 시대가 아니다. 신채호가 4장에서 말했듯이 민중의 각성이 없는 혁명은 상층부 지배 세력의 교체를 의미할 뿐이어서 민중과 직접적인 관련이 없다. 이것이 선거로 정권이 바뀌어도 상황이 좀처럼 나아지지 않는 이유이다. 이제 진정한 민주주의를 이루기 위해 우리 민중 자신이 각성하고 스스로 주권을 보다 정당하고 현명하게 행사하여 우리 사회를 더 좋은 사회로 바꾸어 나가야 한다.

그러나 임시정부 시절처럼 폭력적 투쟁으로는 이루어질 수 없다. 무엇보다 '대화와 토론'의 문화가 정착되어야 한다. 이를 통해 모든 국민이 생활 속에서 민주주의를 고민하고 이를 적극적으로 실천하고자 노력해야 한다. 우리 사회에 깊이 뿌리 내린 상명하복의 병영 문화를 타파하고 개개인이 주체가 되어 서로 존중하고 배려하는 민주적 사고방식, 인간이 인간을 압박하고 착취하지 말아야 한다는 자유와 평등, 연대라는 '의식 혁명'이 이루어져야 한다. 이를 위해서도 우리는 이 「조선혁명선언」을 기억하고 그 정신을 세계 곳곳에 널리 알리기 위해 노력해야 한다.

■ 의열단 연보

−1919년 11월 9∼10일	만주 지린성 지린시에서 창단
−1920년 3월	제1차 국내 거사계획 실행(진영·밀양 사건)
−1920년 9월 14일	부산 경찰서장 폭사 공격(박재혁 의거)
−1920년 12월 27일	밀양경찰서 폭탄 투척(최수봉 의거)
−1921년 9월 12일	조선총독부(왜성대) 폭탄 투척(김익상 의거)
−1922년 3월 28일	중국 상하이 다나까 대장 저격(황포탄 의거)
−1923년 1월 12일	종로경찰서 서울 시내 총격전(김상옥 의거)
*1923년 1월	「조선혁명선언」 발표
−1923년 1월∼3월	제2차 국내 거사계획(김시현−황옥 사건)
−1923년 9월 1일	일본 도쿄 거사계획(박열 사건)
−1924년 1월 5일	도쿄 이중교 폭탄 투척(김지섭 의거)
−1925년 3월 30일	베이징 밀정 김달하 처단
−1925년 11월	제3차 국내 거사계획(이종암 사건)
*1926년 12월	의열단 간부 회의(20개조 강령 채택)
−1926년 12월 28일	조선식산은행·동양척식회사 투탄 의거(나석주 의거)
−1928년 10월 17일	박용만 암살
−1929년 12월 2일	해단 선언
−1935년 6월	조선민족혁명당으로 개편

■ 참고 문헌

【단행본】

김삼웅, 『단재 신채호 평전』, 시대의창, 2019.

———, 『의열단, 항일의 불꽃』, 두레, 2022.

김영범, 『한국 근대민족운동과 의열단』, 창작과비평사, 1997.

———, 『혁명과 의열-한국독립운동의 내면』, 경인문화사, 2010.

김하돈, 『쉽게 읽는 조선혁명선언』, 삼인, 2023.

류자명연구회 편, 『류자명의 독립운동과 한·중연대』, 경인문화사, 2015.

박태원, 『약산과 의열단』, 백양당, 1947.

신용하, 『증보 신채호의 사회사상연구』, 나남출판, 2004.

이호룡, 『신채호 다시 읽기; 민족주의자에서 아나키스트로』, 돌베개, 2013.

한국근현대사학회 편, 『새롭게 쓴 한국독립운동사강의』, 한울아카데미, 2020.

마쓰다 토시히코, 이종민·이형식·김현 옮김, 『일본의 조선 식민지 지배와 경찰』, 경인문화사, 2020.

【논문】

김명섭, 「1920년대 전반기 북경지역 한인들의 아나키즘 수용과정과 활동」, 『한국근현대사연구』 69집, 2014.

———, 「신채호의 무정부주의동방연맹 활동」, 『한국근현대사연구』 80, 한국근현대사학회, 2017.

김영범, 「「조선혁명선언」의 혁명사상과 의열단(계)의 실천경로」 『조선

혁명선언 100주년 기념 학술회의』 발표문, 신흥무관학교기
념사업회, 2023.

박걸순, 「신채호의 아나키즘 수용과 동방피압박민족연대론」, 『한국독
립운동사연구』38, 한국독립운동사연구소, 2011.

박걸순, 「신채호의 독립운동론과 재중독립운동」, 『충북의 독립운동과
독립운동가』, 국학자료원, 2012.

조항래. 「조선혁명선언의 배경과 이념」, 『한국민족운동사연구』10,
1994.

3부
조선혁명선언
100주년 기념행사

기념행사

조선혁명선언 100주년
기념행사 스케치

2023년 1월 28일(토)

　겨울날 야외 행사를 진행하는 일은 어느 정도 모험을 감수해야 한다. 새날을 맞이하니 다행히 맑은 하늘이다. 아침 기온은 영하 10도 아래지만 낮 최고 온도는 영하 5도 전후여서 괜찮은 기상 조건이다. 나서는 걸음 또한 가뿐하다.

　08:30 남위례역 3번 출구에서 행사를 준비하다. 의미를 살려 꾸민 선거 유세용 차량에 영상과 음원을 탑재하고 시연해 보니 나름 뿌듯하다. 김기영, 강정훈, 김명섭, 구하영, 김재민 이렇게 함께 진행할 인원을 태울 차량까지 점검을 마친 후에 출발하다. 복정역, 수서역, 학여울역을 거치는 동선을 따라 삼성역까지 와서 테헤란로를 거쳐 강남역에 다다르다. 곳곳 정체 제법 시간이 소요되다. 그만큼 가두선전 시간이 늘어났으니 좋은 일이다.

10:30 강남역에 영상 촬영을 하던 이원택이 미리 대기하고 있다가 합류하다. 선전은 예정 시간이 많이 지났기에 가두선전과 홍보는 짧게 마치고 홍대 입구를 향해 출발하다. 노들길로 경로를 잡아 진행하다.

11:40 홍대 앞 상상마당 근처에 행사 차량을 세우고 선전활동을 하다. 각 인원들 역시 홍보물을 들고 거리를 누비며 사람들에게 전하다. 호주머니 속 손과 만나기가 어렵다. 애초에 뜨거운 반응을 기대하지 않았으니 실망 또한 적다.

12:20 다시 채비를 꾸려 시가행진 하듯이 대학로로 향하다. 차가운 거리에 울림을 길게 하려 애쓰다.

12:50 주 행사장 마로니에 공원 야외무대에 도착하다. 미리 도착해서 장내를 준비하던 신태영, 김남훈, 박나현, 이해인, 김미리, 최종원과 합류하다. 업무 배치를 받은 혜화경찰서의 담당 경찰관과 종로구청의 무대 관리자와도 환영 인사를 나누다. 그 밖에 장한 마음을 내준 자원봉사자들과 전체 준비 상황을 확인하고 인근 식당에서 점심을 챙기다.

13:30 공연팀의 음향 점검 등 최종 리허설과 야외 난로 설치를 확인하다.

14:00 시민과 함께하는 조선혁명선언 100주년 기념행사를 시작하다. 먼저 신태영이 그 동안 경과보고를 힘찬 목소리로 웅변하다. 이어 김명섭은 벅찬 목소리로 선언서의 의미를 설명하

다. 원래는 국민문화연구소의 이문창 선생이 기념사를 할 예정이었으나 고령인지라 추위에 어른을 야외에 서게 하지 않기로 하다. 대신 국민문화연구소의 김동헌 부회장이 힘을 보태는 축사를 하다. 그보다 먼저 류자명 선생의 손자인 류인호 선생의 감회 어린 축사가 있었다. 류자명 선생은 신채호 선생과 한 달을 합숙하며 조선혁명선언을 만들어낸 공동 저자라 할 수 있다. 아나키스트이자 이론가로서 선언서에 아나키즘의 정신을 부여했고 이를 계기로 신채호 선생 또한 아나키스트의 길을 걷게 되었으니 류자명 선생의 비중은 매우 크다. 이어 김호동 광복회 안양지회장의 연대 선언 또한 훈훈한 입김과 더불어 강한 버팀목이 되어 주다. 김호동 지회장은 시야 김종진 장군의 손자이다. 백야 김좌진의 육촌 동생인 김종진은 당시의 이름난 아나키스트였다. 다음으로 젊은이를 대표하여 김남훈과 박나현은 조선혁명선언을 웅장하게 발췌 낭독하다.

이어지는 노래 공연이 행사의 절정을 수놓다. 음악감독 이해인이 연출하고 김미리와 최종원이 열창을 하며 장한 무대를 만들다. '걱정말아요 그대'를 필두로 '소년 남자가', '신흥무관학교 교가', '기러기', '혁명가', '압록강 행진곡', 'Imagine' 등의 선곡으로 이루어진 진행은 상당한 호응을 얻었다.

17:00 벅찬 감흥과 더불어 못내 아쉬움을 남기고 행사를 종료하다. 이후 함께 손을 모아준 여러 사람들과 인근 식당에서 간

단히 뒤풀이를 하고 국민문화연구소 방문을 마지막으로 모든 일
정을 마치다.

국회 기념행사 스케치

2023년 1월 31일(화)

「조선혁명선언」 100주년 기념식이 28일(토) 문화 행사와는 별도로 여의도 국회 의원 회관 대회의실에서 2023년 1월 31일 화요일 10시부터 12시까지 거행되었다. 서동용 의원실 주관으로 17개 단체와 10명의 국회 의원이 공동으로 주최했다. 국회 의원과 시민 단체 섭외는 시민모임 '독립'의 김덕진 대표의 도움이 컸다. 기념식은 개회사·환영사·축사, 본 기념식과 특별 강연, 기념 공연의 순서로 진행됐다.

당일 서동용 국회 의원은 개회사에서 "100주년 기념식은 조선혁명선언을 제대로 이해하고 계승하는 첫 출발점과 학술적 성과를 길어내는 마중물이 되어야 합니다. …… 우리 민족이 헤쳐

나갈 앞으로의 백 년은 조선혁명선언이 담지하고 있는 새로운 세상의 구체적인 모습으로 활짝 꽃피우기를 염원해봅니다."라고 했다.

한국의 마지막 아나키스트 독립운동가로 알려진 이문창 전 국민문화연구소 회장은 축사에서 우리나라가 당면한 "난제들에 대한 해결책을 백 년 전 '민중에 의한, 민중을 위한 직접 혁명'을 부르짖었던 단재 신채호 선생의 '조선혁명선언'에서 구하고자 하는 것이 바로 오늘 우리가 이 자리를 마련한 진정한 의의라 할 것입니다."라고 했다. 한시준 독립기념관 관장은 축사에서 20세기 전반기에 지구상의 80%에 이르는 민족과 국가가 제국주의 침략으로 식민지가 되었는데 공통적인 독립운동 방법은 바로 의열 투쟁이었고, 타격 대상이 분명하지만 테러는 불특정 다수를 대상으로 하므로 이 둘을 구분해야 한다고 말했다.

이만열 전 국사편찬위원장은 「단재 신채호와 조선혁명선언」이라는 제목으로 특별 강연을 하였는데, "의열단의 이념과 운동방략을 제시한 「조선혁명선언」은 항일민족운동사상 가장 강건·웅혼하면서도 정교하게 민족해방의 이론과 방략을 나름대로 체계화하고 구체화한 문서"라고 평가했다.

기념 공연은 항일 노래 〈기러기〉, 〈압록강 행진곡〉, 1923년 의열단 단원들이 불렀던 〈혁명가〉 등이 공연됐다(감독 이해인, 노래 김미리·최종원). 이후 약산 김원봉의 연설 영상이 상영됐다.

○ **공동 주최**

광복회, 국민문화연구소, 김원봉과 함께, 단재신채호선생기념사업회, 대한민국임시정부기념사업회, 몽양여운형선생기념사업회, 시민모임독립, 아나키문화연대, 안중근의사기념사업회, 용인독립기념사업회, 운암김성숙선생기념사업회, 윤리문화학회, 위례역사문화연구소, 조선의열단기념사업회, 한국YMCA전국연맹, 항일독립선열선양단체연합, 흥사단, 국회 의원 강은미, 국회 의원 김홍걸, 국회 의원 민형배, 국회 의원 서동용, 국회 의원 설훈, 국회 의원 안호영, 국회 의원 우원식, 국회 의원 이장섭, 국회 의원 윤미향, 국회 의원 황운하

○ **주관: 국회 의원 서동용**

○ **「조선혁명선언 100주년 기념식 자료집」 차례**
- 개회사
  서동용 국회 의원
- 환영사

김언호 김원봉과함께 대표 / 박우섭 조선의열단기념사업회 회장 / 이장섭 국회 의원, 단재신채호선생기념사업회 대표 / 설훈 국회 의원 / 우원식 국회 의원, 의열단원 김한 선생 기념사업회 추진위원장 / 안호영 국회 의원 / 황운하 국회 의원 / 강은미 국회 의원 / 김홍걸 국회 의원 / 민형배 국회 의원 / 윤미향 국회 의원 / 송선영 윤리문화학회 회장 / 김기영 위례역사문화연구소 이사장

- 축사

  이문창 한국아나키스트독립운동가기념사업회 / 한시준 독립기념관 관장 / 박홍근 더불어민주당 원내 대표

- 기념식 개최 취지와 추진 경과

  김명섭 위례역사문화연구소

- 조선혁명선언문

- 단재 신채호와 조선혁명선언

  이만열 시민모임 독립 이사장, 전 국사편찬위원장

조선혁명선언 100주년
기념행사 경과보고

2023년 1월 28일(토)

안녕하십니까?

저는 이번 행사를 주관하고 있는 아나키문화연대의 신태영입니다. 본 선언문에 대해서는 잠시 뒤 김명섭 선생님께서 말씀이 있을 것입니다. 저는 본 문화행사의 취지와 경과에 관해 말씀드리겠습니다.

1 아시다시피 본 「조선혁명선언」은 1923년 1월 의열단(義烈團)이 독립운동의 이념과 방략을 이론화해 발표한 선언서입니다. 의열단의 의백, 즉 단장인 김원봉의 의뢰로 신채호 선생님이 작성했습니다. 작성 과정에 아나키스트 류자명 선생님이 함께했습니다.

우리 독립운동사에는 참으로 많은 선언서가 있습니다. 그렇지만 이 「조선혁명선언」만큼 큰 영향을 끼친 선언서도 드뭅니다. 본 선언서의 의미는 여러 가지가 있겠지만 저는 그 무엇보다 '독립운동이 단순히 나라를 되찾는 데서 그쳐서는 안 된다는 점'을 일깨워 주었다는 것, 이 점이야말로 가장 중요한 핵심이라고 생각합니다.

새로 되찾은 나라가 조선 시대와 똑같이 상하층으로 나누어졌고 소수 특권층의 이익을 위해 절대다수의 백성이 희생되는 구조였습니다. 비록 나라를 되찾은 의미가 아예 없는 것은 아니겠지만 이역만리에서 풍찬노숙(風餐露宿)하며 온갖 고생한 보람이 그만큼 반감되고 말 것입니다.

따라서 본 선언서는 여기서 그치지 않습니다. 일제를 몰아내고 되찾은 조국이기에 '불합리한 기존 모든 제도를 개혁해 사람이 사람을 압박하지 않고, 사회가 사회를 착취하지 못하는 이상 사회를 건설'해야 한다고 강조합니다. 그것이 독립운동의 진정한 의미임을 일깨웁니다.

이로써 본 선언서는 의열단뿐 아니라 거의 모든 독립운동 단체에게 독립운동의 이론과 신념을 부여했습니다. 독립운동가들은 자기 자신을 혁명가로 인식하게 되었고 지금까지 인간 세상에 없었던 새로운 조국을 창조한다는 크나큰 자부심을 지니게되었습니다. 그 자부심의 중심에 바로 이「조선혁명선언」이 있습니다.

이처럼「조선혁명선언」은 단순히 의열단만의 선언서가 아닙니다. 우리 선조들의 독립운동 방향과 방법을 제시한 귀중한 선언이자, 21세기 오늘을 사는 우리에게 우리가 어디로 나아가야 하는지 방향을 알려주는 북극성과 같은 소중한 지침서라고 저는 감히 생각합니다.

2 그런데 이토록 중요한 선언서가 공포된 지 100주년이 되었고, 의열단과 관련된 여러 시민단체가 있었지만 어찌 된 일인지 이를 기념하는 행사는 눈에 띄지 않습니다. 사정이 그러하니 일반 사람들은「조선혁명선언」은 물론 '의열단'이라는 말조차 낯설어하는 것이 현실입니다.

그래서 마침내 2022년 11월 19일 사단법인 국민문화연구소의 회의에서,「조선혁명선언」공포를 기념하는 행사를 추진하자는 제안이 있었습니다. 그리고 12월 3일(토) 행사를 진행하기 위해 첫 번째 모임을 아나키즘 독서회인 '검은빵'에서 열었습니다. 그리고 여기서 대략 다음 다섯 가지 내용을 결의했습니다.

첫째, 이러한 역사적 사실이 있다는 점을 널리 알리자!

둘째, 이를 위해 젊은 세대가 많이 모이는 곳을 중심으로 선언서를 인쇄하여 배포하자!

셋째, 선언서를 기념하는 문화 공연을 2023년 1월 28일(토)에 개최하자!

넷째, 선언서에 해설과 주석을 달고 에스페란토 등으로 번역하여 단행본으로 만들어 널리 보급하자!

다섯째, 재원 마련을 위해 시민들의 자발적인 성금을 모을 수 있는 펀딩을 진행하자!

그리고 '아나키문화연대'라는 이름으로 동참할 사람들을 모으기 시작했습니다.

12월 5일(월) 회의에서는 본 행사에 새로 동참한 '시민모임 독립'의 제안으로 시민 문화 행사 이외에 국회에서 기념식을 추진하기로 했습니다.

12월 12일(월)부터 2023년 1월 16일(월)까지 '소셜펀치'에서

990만원을 목표로 펀딩을 진행했습니다. 그 결과 짧은 기간임에도 115명이 참여하여 1천 24만원이 약정됐습니다. 이후 실제로 입금된 금액은 1천 1만원으로 목표액을 초과 달성했습니다.

2023년 1월 28일(토) 드디어 오늘 오전 10시에 「조선혁명선언」을 널리 알리기 위해 유세 차량이 강남역을 시작으로 홍대 앞을 지나 이곳 대학로까지 선언서를 배포하며 행진했습니다. 그리고 지금 이곳 마로니에 공원 야외무대에서 문화 행사를 시작했습니다.

3 이후 일정에 대해 말씀드리겠습니다.

1월 31일(화) 10시에는 국회 의원 회관 2층 대회의실에서, 광복회, 국민문화연구소, 아나키문화연대, 위례역사문화연구소, 홍사단 등 17개 단체와 강은미, 김홍걸, 설훈, 우원식, 황운하 의원 등 국회 의원 11명의 공동 주최로 기념식이 열릴 예정입니다.

선언문 배포와 문화 행사, 그리고 국회에서 기념식이 끝났다고 저희 행사가 모두 끝나는 것은 아닙니다. 저희 아나키문화연대는 올해 8월 15일을 목표로 「조선혁명선언」에 해설과 주석을 달고 에스페란토 등으로 번역한 단행본을 발간할 것입니다. 이 단행본은 본 행사에 후원하신 분들께 제일 먼저 배부해 드릴 예정입니다.

4 국회 기념식은 전적으로 국회에서 비용을 부담합니다. 그러나 오늘 하는 이 선언문 배포와 본 문화 행사는 전적으로 시민 여러분의 자발적 후원으로 진행합니다. 그런 점에서 저는 오늘 이 행사가 의미가 더 크다고 생각합니다.

펀딩에 후원해 주신 분들은 115명입니다. 실제 도움을 주신 분들은 더 많습니다. 제가 입고 있는 조끼, 여러분들에게 나눠드린 선언문과 팸플릿, 포스터, 동영상 제작, 오늘 처음 공개하는 의열단 노래인 〈혁명가〉 음원 제작, 심지어는 갑자기 추워진 날씨로 급히 공수한 삿갓난로에 이르기까지 수많은 분들이 '자진해서' 심지어 '미안해 하면서' 실비 차원의 비용만 받거나 파격적인 할인을 해 주셨습니다.

그리고 이 추운 날씨에도 많은 분들이 자원봉사를 해 주었고 또 수많은 분이 마다하지 않고 이 선언문을 받았습니다! 그리고 여기에 이렇게 모여서 백 년 전 오늘을 기억하고 있습니다.

이 모든 분들이 없었다면 오늘 이 행사는 불가능했을 겁니다.

이 모든 분들께 깊은 감사 말씀을 드립니다.

그런 점에서 "우리는 모두 의열단원입니다!"

5 시대와 공간이 다르면 대응하는 방법도 달라집니다.

항일 투쟁기에는 물리력으로, 21세기 민주 국가에서는 대화와
토론으로, 우리 생활에 불합리한 모든 제도를 개조하여, 인간이
인간을 착취하고 압박하지 못하는 이상 세계를 건설합시다!

고맙습니다!

<후원자명단>

강동이 강동하 강동후 강병덕 강정훈 강재린 강재협 구덕원
구인수 구하영 고영한 곽재경 김건률 김기영 김기승 김나혜
김남훈 김내동 김동헌 김동현 김명섭 김민성 김민재 김민찬
김상철 김성수 김소리 김원준 김종렬 김종민 김주현 김재홍
김재희 김지혜 김차이 김창섭 김창희 김태근 김태훈 김태형
김흥태 남성호 남종진 라용웅 박나현 박선희 박연주 박용수
박정금 박종득 박재란 박태규 박혜연 반혜성 방민화 방성원
방윤장 배성룡 배정철 백미향 서시덕 손판규 송무경 송선영
송성영 신민수 신태식 신태영 신학정 알로이다 양계영 양봉만
유도겸 유현규 육진영 윤서우 윤정민 윤종근 윤재신 이금성
이광진 이명구 이문창 이미경 이상호 이솔민 이영수 이용운
이용훈 이원택 이 철 이혜림 이희재 임남영 임창주 임혜준
전은경 정일윤 정춘식 정혜주 조건희 조규남 조관희 조명심
조병로 조인형 조찬희 지옥분 천미진 최규근 최문석 최문희
최수현 최우섭 최은미 허성희 홍찬선 황의대 황현숙 황희정

<협찬>

나루코 최원 본부장, 넘버원애드 박종삼 이사, 울트라기획 윤서우 디
자이너, 티에프 신태식 대표, 프린트뱅크 윤재신 대표

항일 노래
악보

독립군가

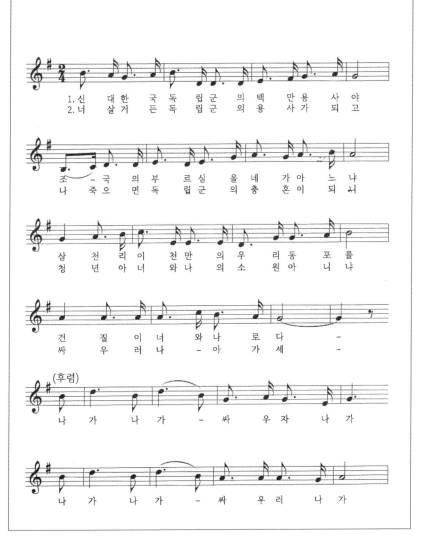

독 립 문 의 자 유 종 이 울 릴 때 까 지

싸 우 러 나 - 가 - 세 -

『배달의 맥박』, 329쪽.

3. 대포소리 앞 뒷산을 들들 울릴 때
   원수진을 쳐서 파할 담력을 내어
   정의의 날랜 칼이 빗기는 곳에
   이 길이 너와 나로다

4. 압록강과 두만강을 뛰어 건너가
   수천년 원수무리 쓿어 내어라
   잃었던 조국강산 광복하는 날
   만세를 불러보세

신흥무관학교 교가

1. 서 북으 로 흑 룡태 원 남 의영 절 에
2. 장 백산 밑 비 단같 은만 리 낙 원 은

여 러만 만 헌 원자 손 업 어기 르 고
반 만년 래 피 로지 킨 옛 집이 어 늘

동 해섬 중 어 린것 들 품 에다 품 고
남 의자 식 놀 이터 로 내 어맡 기 고

젖 먹 여 기 른 이 뉘 뇨
종 설 움 받 는 이 뉘 뇨

(후렴)
우 리 우 리 배 달 나 라

에 우 리 우 리 조 상 들 이 라

그 네가 슴 끓 는피 가우 리가 슴 -

찰 찰찰 걸 치 며돈 - 다 - -

『광복의 메아리』 48쪽.

3. 칼춤 추고 말을 달려 몸을 단련코
   새로운 지식 높은 인격 정신을 길러
   썩어지는 우리 민족 이끌어내어
   새나라 세울 이 뉘뇨

혁명가(革命歌)

1. 동 지 들 아 굳게 굳게 단 — 결 — 해
2. 닥 쳐 오 는 결 — 전 은 우 — 리 — 의

생 사 를 같 이 하 자 —
필 승 을 보 여 주 네 —

어 — 떠 한 박 해 와 압 박 에 도
압 박 없 는 자 유 의 독 립 — 을

끝 까 지 굴 함 없 이 —
과 감 히 쟁 취 하 자 —

우 리 들 은 피 끓 는 젊 은 — 이

혁 명 군 의 선 봉 대 —

주 : 단결(團結), 박해, 압박(迫害壓迫), 전취(戰取), 필승(必勝).

◎ 이노래는 주로 의열단에서 부르던 군가(李廷得, 申化均氏가 提供하고 錄音, 大韓의 軍歌
集에 제재)

의열단원
사진

강세우 곽재기 김기득

김대지 김상옥 김성숙

김성제(김천만) 김시현 김원봉

김익상 김재형 김준상

김지강   김지섭   김 한

나석주   남정각   류자명

박재혁   박차정   배중세

배치문   오성륜   유석현

윤세주 윤자영 이기환

이성우 이용준 이육사

이을규 이정규 이종암

이 헌(이상규) 장지락(김산) 정이소

최수봉

한봉인

현계옥

황상규

포스터
팸플릿
선언서

우리는 모두 의열단원입니다!!!

조선혁명선언 100주년 기념

● 문화행사: 2023년 1월 28일(토) 14시~17시
대학로 '김상옥 열사의 상' 앞
(주관) 아나키문화연대
(공동주최) 광복회안양시지회/국민문화연구소/윤리문화학회/위례역사문화연구소

조선혁명선언(朝鮮革命宣言)

신채호(申采浩 1880.12.08.~1936.02.21.)

1

강도 일본이 우리의 국호를 없이하며, 우리의 정권을 빼앗으며, 우리의 생존적 필요조건을 다 박탈하였다. 경제의 생명인 산림, 시내와 연못, 철도, 광산, 어장 …… 내지 소공업 원료까지 다 빼앗아 일체의 생산 기능을 칼로 베고 도끼로 끊고, 토지세, 가옥세, 인구세, 가축세, 시장세, 지방세, 술담배세, 비료세, 종자세, 영업세, 청결세, 소득세 …… 기타 각종 잡세가 날마다 증가하여 혈액은 있는 대로 다 빨아갔다. 어지간한 상업가들은 일본의 제조품을 조선인에게 매개하는 중간인이 되어 차차 자본집중의 원칙 아래에서 멸망할 뿐이요, 대다수 인민 곧 일반 농민들은 피땀을 흘리며 토지를 갈아도, 그 해의 소득으로 자기 한 몸과 처자식의 입에 물칠할 거리도 남기지 못하고, 우리를 잡아먹으려는 일본 강도에게 갖다 바쳐 그들의 살을 찌워 주는 영원한 소와 말이 될 뿐이요, 끝내는 그 소와 말과 같은 생활도 못 하게 조선에 이주하는 일본인이 해마다 급격한 비율로 증가하여 '딸깍발이' 등쌀에, 우리 민족은 발 디딜 땅이 없어 산으로 물로 서간도로 북간도로 시베리아의 황야로 몰려다니다가 굶주린 귀신으로부터 떠돌아다니는 귀신이 될 뿐이다.

강도 일본이 헌병정치, 경찰정치를 사납게 시행하여 우리 민족이 한 발짝도 맘대로 움직이지 못하고, 언론, 출판, 결사, 집회의 일체 자유가 없어, 고통과 분함과 한스러움이 있어도 벙어리 가슴이나 만질 뿐이요, 행복과 자유로 세계에는 눈 뜬 소경이 되고, 자녀가 나면 "일어를 국어라, 일문을 국문이라." 하는 노예양성소인 학교로 보내고, 조선 사람으로 혹 조선 역사를 읽게 되면 "단군을 거짓으로 일본 소잔명존[스사노오노미코토, 일본 태양신의 아래]의 형제"라 하며 "삼한시대 한강 이남을 일본의 땅"이라 한 일본 놈들이 적은 대로 읽게 되며, 신문이나 잡지를 보면 강도 정치를 찬미하는 반일본화한 노예적 문자뿐이며, 똑똑한 자제가 태어나 환경의 압박에서 세상을 비관하고 절망하는 타락자가 되거나 그렇지 않으면 '음모 사건'의 누명을 쓰고 감옥에 구류되어, 주리를 틀고, 목에는 칼을 발에는 쇠사슬을 채우고, 단근질과 채찍질, 전기질, 바늘로 손톱 밑과 발톱 밑을 쑤시는, 수족을 달아매는, 콧구멍에 물 붓는, 생식기에 심지를 박는 모든 악형, 곧 야만 전제국의 형률 사전에도 없는 갖은 악형을 다 당하고 죽거나, 요행히 살아서 감옥 문에서 나온대도 종신 불구의 폐질자가 될 뿐이라. 그렇지 않을지라도 발명 창작 본능은 생활의 곤란으로 인해 단절되며, 진취적이고 활발한 기상은 환경의 압박으로 인해 소멸되어 '찍도 빽도' 각 방면의 속박, 채찍, 구박, 압제를 받아, 한족 삼천리가 하나의 커다란 감옥이 되어, 우리 민족은 아예 인류의 자각을 잃을 뿐만 아니라, 곧 자동적 본능까지 잃어 노예에서 기계가 되어 강도 수중의 사용품이 되고 말 뿐이다.

강도 일본이 우리의 생명을 지푸라기처럼 보아, 을사 이후 13도의 의병이 일어났던 각 지방에서 일본군대가 행한 폭행도 이루 다 적을 수 없거니와, 즉 최근 3·1운동 이후 수원, 선천 …… 등의 국내 각지부터 북간도, 서간도, 러시아령 불해주 곳곳까지 가는 곳마다 거주민을 도륙한다, 마을을 불사른다, 재산을 약탈한다, 부녀를 모욕한다, 목을 끊는다,

자유로운 조선 민중이 아니니, 자유로운 조선 민중을 발견하기 위하여 특권계급을 타파
합니라.

제3은 경제 약탈제도를 파괴하고자 함이다. 왜? 약탈제도 밑에 있는 경제는 민중 자
신이 생활하기 위하여 조직한 경제가 아니요, 곧 민중을 잡아먹으려는 강도의 살을 찌우
기 위하여 조직한 경제니, 민중 생활을 발전하기 위하여 경제 약탈제도를 파괴함이니라.

제4는 사회적 불평균을 파괴하고자 함이다. 왜? 약자 위에 강자가 있고 천한 자 위
에 귀한 자가 있어 모든 불평균을 가진 사회는 서로 약탈, 서로 박탈, 서로 질투하고 원
수 보듯 하는 사회가 되어, 처음에는 소수의 행복을 위하여 다수의 민중을 해치다가 말
경에는 또 소수끼리 서로 해치어, 민중 전체의 행복이 마침내 숫자상의 '0'(영)이 되고 말
뿐이니, 민중 전체의 행복을 증진하기 위하여 사회적 불평균을 파괴함이니라.

제5는 노예적 문화사상을 파괴하고자 함이다. 왜? 유래하던 문화사상의 종교, 윤리,
문학, 미술, 풍속, 습관 그 어느 무엇이 강자가 제조하여 강자를 옹호하던 것이 아니더
냐? 강자의 오락에 공급하던 도구가 아니더냐? 일반 민중을 노예로 만들었던 마취제가
아니더냐? 소수 계급은 강자가 되고 다수 민중은 도리어 약자가 되어 불의의 압제에 반
항치 못함은 전혀으로 노예적 문화사상의 속박을 받은 까닭이니, 만일 민중의 문화를
제창하여 그 속박의 철쇄를 끊지 아니하면, 일반 민중은 권리 사상이 박약하여 자유를
향상하려 흥미가 부족하여 노예의 운명 속에서 윤회할 뿐이라. 그러므로 민중문화를
제창하기 위하여 노예적 문화사상을 파괴함이니라.

다시 말하자면 '고유적 조선의' '자유로운 조선 민중의' '민중 경제의' '민중 사회의'
'민중 문화의' 조선을 건설하기 위하여 '이족통치의' '약탈제도의' '사회 불평균의' '노예
문화사상의' 현상을 타파함이니라. 그런즉 파괴 정신이 곧 건설 주장이라. 나아가면 파
괴의 '칼'이 되고 들어오면 건설의 '깃발'이 될지니, 파괴할 기백은 없고 건설할 어리석
은 생각만 있다면, 오백 년이 지난다 해도 혁명의 꿈도 꾸어보지 못할지니라.

이제 파괴와 건설이 하나이요 둘이 아닌 줄 알진대, 민중의 파괴 앞에는 반드시 민
중의 건설이 있는 줄 알진대, 현재 조선 민중은 오직 민중의 폭력으로 신조선 건
설의 장애인 강도 일본 세력을 파괴할 뿐인 줄 알진대. 조선 민중이 한면이 되고 일본
강도가 한편이 되어, 네가 말하거나 아니하면 내가 말하거나 하여 외나무다리 위에 선 줄을
알진대, 우리 이천만 민중은 일치단결하여 폭력 파괴의 길로 나아갈지니라.

민중은 우리 혁명의 대본영이다.

폭력은 우리 혁명의 유일 무기이다.

우리는 민중 속에 가서 민중과 손을 잡고서
끊임없는 폭력[암살, 파괴, 폭동]으로써
강도 일본의 통치를 타도하고,
우리 생활에 불합리한 일체 제도를 개조하여
인류로써 인류를 압박하지 못하며, 사회로써 사회를 박탈하지 못하는 이상적 조선을
건설할지니라.

4256년[서기 1923년] 1월 일

의 열 단

해설

〈조선혁명선언〉은 1923년 1월 의열단(義烈團)의 독립운동 이념과 방략을 이론화해 발표
한 선언서다. 의열단의 의백(단장)인 김원봉의 의뢰로 신채호가 작성했고, 아나키스트 류
자명이 함께했다. 본 선언은 타협주의자와 문화운동자를 적으로 간주하고, 외교론과 준비
론에만 치중한 독립운동을 비판하였다. 그리고 민중직접혁명을 제시하며, 이를 통해 이족
통치, 특권계급, 경제약탈제도, 사회적 불평등, 노예적 문화 사상 등을 파괴하면서, 그 대신
고유한 조선, 자유로운 조선 민중, 민중 경제, 민중 사회, 민중 문화를 건설하자고 주장했
다. 즉 독립운동은 기존의 불합리한 모든 제도를 개혁하여 인류가 인류를 압박하거나 착
취하지 못하는 이상사회를 건설하는 '민중혁명'이었다. 그 결과 본 선언은 수많은 독립운
동단체에게 그 이론과 신념을 부여했고, 독립운동가들이 자신을 혁명가로 인식하고 크나
큰 자부심을 지니게 하는 데 크게 이바지하였다.

후원자

강동이	강동제	강동후	강병덕	강성훈	강재린	강재협	구더헌	구인수
구혁영	고영한	곽재정	김건룡	김건표	김기영	김기수	김나예	김남훈	김내동
김동현	김동현	김명섭	김민성	김민본	김민찬	김상원	김성수	김소리
김원준	김윤철	김윤민	김주현	김재홍	김재희	김지혜	김차이	김창섭
김창회	김태근	김태훈	김태형	김홍태	남성호	남영진	라용음	마나련
박선희	박연구	박윤수	박정남	박종득	박재란	박태라	박혜연	박생섭
방민화	방성원	방송상	배성묵	배성철	백미향	서시국	손란규	송무정
송선영	송성영	신인수	신태식	신태영	신학정	암모이다	양계영	양광선
유도겸	유현규	육선영	윤서우	윤정빈	윤춘근	윤재신	이급성	이광진
이명구	이문창	이미경	이상호	이순빈	이윤호	이윤운	이용훈	이원택
이 철	이혜림	이제재	임남영	임정주	임예준	전은경	정일균	정춘식
정혜주	조건회	조규남	조관희	조명심	조명로	조인형	조찬회	지옥분
천미선	최규근	최규근	최문표	최수현	최우섭	최은미	허성희	홍찬선
황의대	황현숙	황희정						

협찬

나루코 회원 본부장 · 넘버원데스 박종삼 이사 · 도서출판 논형 소재두 대표 · 윤트라기획 윤서우
디자인연구 · 티에프 신태식 대표 · 프런트뱅크 유재신 대표

주관

아나키문화연대 · 경기 성남시 수정구 위례광장로 5 위례우남역아이파크 218호

시대와 공간이 다르면 대응법도 달라지는 법.
항일투쟁기에는 물리력으로,
21세기 민주국가에서는 대화와 토론으로
우리 생활에 불합리한 모든 제도를 개조하여
인간이 인간을 착취하고 압박하지 못하는
이상 세계를 건설하자!!!

산 채로 묻는다, 불에 사른다, 혹 일신을 두 동가리, 세 동가리로 내어 죽인다, 아동에게 악형을 가한다, 부녀의 생식기를 파괴하도 하여, 할 수 있는 데까지 참혹한 수단을 써서 공포와 전율로 우리 민족을 압박하여 인간의 '산송장'을 만들려 하는도다.

이상의 사실에 의거하여 우리는 일본 강도정치 곧 이족통치가 우리 조선 민족 생존의 적임을 선언하는 동시에, 우리의 혁명 수단으로 우리 생존의 적인 강도 일본을 처죽이는 것이 곧 우리의 정당한 수단임을 선언하노라.

2

내정독립이나 참정권이나 자치를 운동하는 자, 누구이냐?

너희들이 '동양 평화' '한국 독립 보전' 등을 담보한 맹약[1905년 을사조약]이 먹물이 마르기 전에 삼천리 강토를 집어먹던 역사를 잊었느냐? '조선 인민 생명 재산 자유 보호' '조선 인민 행복 증진' 등을 거듭 밝힌 선언[1919년 한일강제병합]이 땅에 떨어지지도 전에 이천만의 생명이 지옥에 빠지던 실제를 못 보느냐? 3·1운동 이후에 강도 일본이 또 우리의 독립운동을 완화시키려고 송병준, 민원식 등 한 줌의 매국노를 사이어 이 따위 미친 논의를 부르짖는 것이나, 이에 부화뇌동하는 자, 장님이 아니면 어찌 간악한 도적이 아니겠느냐?

설혹 강도 일본이 과연 관대한 도량이 있어 기꺼이 이러한 요구를 허락한다 하자. 소위 내정독립을 찾고 각종 이권을 찾지 못하면 조선 민족은 전과 폭갈이 굶주린 귀신이 될 뿐이 아니냐? 참정권을 획득한다 하자. 자국의 무산계급의 혈액까지 착취하는 자본주의 강도국의 식민지 인민이 되어 몇몇 노예 대의원의 선출로 어찌 굶어 죽는 재앙을 구제할 수 있겠느냐? 자치를 얻는다 하자. 그러면 종류의 자치인지 물론 없이, 일본이 그 강도적 침략주의의 간판인 '제국'이란 명칭이 존재한 이상, 그 지배하에 있는 조선 인민이 어찌 구구한 자치의 헛된 이름으로써 민족적 생존을 유지할 수 있겠느냐?

설혹 강도 일본이 돌연히 불보살이 되어 하루아침에 총독부를 철폐하고 각종 이권을 다 우리에게 돌려주며, 내정과 외교를 다 우리의 자유에 맡기고 일본의 군대와 경찰을 일시에 철수하며, 일본 이주민을 일시에 소환하고 다만 허명의 종주권만 가진다고 할지라도 우리가 만일 과거의 기억이 완전히 소멸하지 않는 이상, 일본을 종주국으로 떠받드는 것은 '치욕'이란 명사를 아는 인류로는 못할지니라.

일본 강도 정치 아래에서 문화운동을 부르는 자, 누구이냐?

문화는 산업과 문물이 발달하여 쌓인 전체를 가리키는 명사니, 경제 약탈의 제도 아래에서 생존권이 박탈된 민족은 그 '종족 보존'도 의문이거늘, 하물며 문화발전의 가능이 있으랴? 쇠망한 인도족, 유태족도 문화가 있다고는 하나는 금전의 힘으로 그 선조의 종교적 유업을 계속함이며, 하나는 그 토지의 넓음과 인구의 많음으로 예부터 발달해 내려온 혜택을 지킴이니, 어디 모기와 등에같이 승냥이와 이리같이 사람의 피를 빨다가 골수까지 깨무는 강도 일본의 입에 물린 조선 같은 데에서 문화를 발전시켰거나 유지한 전례가 있더냐? 검열, 압수 모든 압박 중에 몇몇 신문, 잡지를 가지고 '문화운동'의 목탁으로 저 스스로 떠들며, 강도의 비위에 거슬리지 아니 할 만한 언론이나 주장하여 이것을 문화발전의 과정으로 본다 하면, 그 문화발전이 도리어 조선의 불행인가 하노라.

이상의 이유에 의거하여 우리는 우리의 생존의 적인 강도 일본과 타협하려는 자[내정

독립, 자치, 참정권 등을 논하는 자나 강도 정치 아래에서 기생하려는 주의를 가진 자[문화운동 동지]나 다 우리의 적임을 선언하노라.

3

강도 일본의 구축을 주장하는 가운데 또 이러한 논자들이 있으니,

제1은 외교론이니, 이조 오백년 문약정치가 '외교'로써 호국의 좋은 계책을 삼았다가 그 말세에 더욱이 심해져서, 갑신[1884년 갑신정변] 이래 유신당, 수구당의 성쇠가 거의 외부 원조가 있느냐 없느냐에 따라 판결되었으며, 위정자의 정책은 오직 갑국을 끌어다 을국을 제어함에 불과하였고, 그 의뢰의 습성이 일반 정치사회에 전염되어 즉 갑오[1894년 청일전쟁], 갑진[1904년 러일전쟁] 두 전란에 일본이 수십만의 생명과 수억만의 재산을 희생하여 청, 러 양국을 물리치고, 조선에 대하여 강도적 침략주의를 관철하려 하는데, 우리 조선의 '조국을 사랑한다, 민족을 건지려 한다.'라고 하는 이들은 칼 하나 총탄 하나를 탐욕스럽고 포악한 관리나 나라의 적에게 던지지 못하고, 탄원서를 여러 나라 공관에 던지며 긴 편지를 일본 정부에 보내어 국세의 외로움과 약함을 슬피 하소연하여, 국가 존망과 민족 사활의 대문제를 외국인의 심지어 적국인의 처분으로 결정하기만 기다리었도다. 그래서 '을사조약'[1905년 외교권 박탈 조약], '경술합방'[곧 '조선'이란 이름이 생긴 뒤 몇천 년만에 처음 당하는 치욕에 조선 민족의 분노가 거우 하얼빈의 총[1909년 10월 안중근이 이토 히로부미를 사살한 의거], 종현의 칼[1909년 12월 이재명이 이완용을 이재명이 칼로 찌른 의거], 산림 유생의 의병이 되고 말았도다.

아! 과거 수십 년 역사야말로 용기있는 자가 보면 절을 뱉고 욕할 역사가 될 뿐이며, 어진 자가 보면 상심할 역사가 될 뿐이다. 그리고도 국망 이후 해외로 나아가는 모모 지사들의 사상이 무엇보다도 먼저 '외교'가 그 제1장 제1조가 되며, 국내 인민의 독립운동을 선동하는 방법도 '미래의 일미전쟁, 일로전쟁 등이 기회다.'라는 것이 천편일률의 문장이었고, 최근 3·1운동에 일반 인사의 '평화회의, 국제연맹'에 대한 과신의 선전이 도리어 이천만 민중의 용기를 떨쳐 전진하려는 의기를 없애는 매개가 될 뿐이었도다.

제2는 준비론이니, 을사조약 당시에 여러 나라 공관에 빗발치듯 보낸 종이쪽지로는 넘어가는 국권을 붙잡지 못하며, 정미년[1907년]의 헤이그밀사도 독립 회복의 복음을 안고 오지 못하매, 이에 차차 외교에 대하여 의문이 되고 전쟁 아니면 안 되겠다는 판단이 생기었다. 그러나 군인도 없고 무기도 없이 무엇으로써 전쟁하겠느냐? 산림 유생들은 대의명분에 따라 성패를 따지지 않고 의병을 모집하여 큰 갓과 소매 넓은 도포를 입고 대장이 되어 지휘하며, 사냥 포수의 화승총 부대를 몰아가지고 조·일전쟁의 전투선에 나섰지만, 신문쪼가리나 본 이들, 곧 시세를 짐작한다는 이들은 그러할 용기가 아니 난다. 예에 "금일 금시로 곧 일본과 전쟁한다는 것은 망발이다. 총도 장만하고 돈도 장만하고 대포도 장만하고 장관이나 사졸감이라도 다 장만한 뒤에야 일본과 전쟁한다.' 함이니, 이것이 이른바 준비론 곧 독립전쟁을 준비하자 함이다. 외세의 침입이 더할수록 우리의 부족한 것이 자꾸 느껴져서, 그 준비론의 범위가 전쟁 이외까지 확장되어 교육도 진흥해야겠다, 상공업도 발전해야겠다, 기타 무엇무엇 일체가 모두 준비론의 부분이 되었도다. 경술 이후 각 지사들의 혹 서·북간도의 삼림을 더듬으며, 혹 시베리아의 찬바람에 배부르며, 혹 남·북경으로 돌아다니며, 혹 미주나 하와이로 돌아가며, 혹 서울과 지방에 출몰하여 십여 년 동안 내외 각지에서 목이 터질 만치 만치 "준비! 준비!"를 불렀지만, 그 소득이 몇 개 불완

전한 학교와 실력 없는 단체뿐이었다. 그러나 그들의 성의와 힘의 부족이 아니라 실은 그 주장의 착오이다. 강도 일본이 정치, 경제 양 방면으로 구박을 주어 경제가 날로 곤란하고 생산기관이 전부 박탈되어 먹고 입을 방책도 끊어진 때에, 무엇으로? 어떻게? 실업을 발전하며, 교육을 확장하며, 더구나 어디서? 얼마나? 군인을 양성하며, 양성한들 일본 전투력의 백분의 일에 비교라도 되게 할 수 있느냐? 실로 일장의 잠꼬대라 할 뿐이로다.

이상의 이유에 의하여 우리는 '외교', '준비' 등의 미몽을 버리고 민중 직접혁명의 수단을 취할 것을 선언하노라.

4

조선민족의 생존을 유지하자면 강도 일본을 쫓아낼지며, 강도 일본을 쫓아내자면 오직 혁명으로써 할 뿐이니, 혁명이 아니고는 강도 일본을 구축할 방법이 없는 바이다.

그러나 우리가 혁명에 종사하려면 어느 방면부터 착수하겠느냐?

구시대의 혁명으로 말하면, 인민은 국가의 노예가 되고 그 이상에 인민을 지배하는 상전 곧 특수세력이 있어, 그 소위 혁명이란 것은 특수세력의 명칭을 변경함에 불과하였다. 다시 말하자면 '을'의 특수세력으로 '갑'의 특수세력을 변경함에 불과하였다. 그러므로 인민은 혁명에 대하여 다만 갑을 양 세력 곧 신구 양 상전 중 '누가 더 어질고 누가 더 포악하며, 누가 더 착하고 누가 더 나쁜가'를 보아 그 향배를 정할 뿐이요, 직접적인 관계가 없었다. 그리하여 '포악한 군왕을 베어 그 백성에게 조문한다'가 혁명의 유일한 취지가 되고 '백성은 도시락과 음료로 새로운 왕의 군사를 맞이한다'가 혁명사의 유일한 미담이 되었거니와, 금일 혁명으로 말하면 민중이 곧 민중 자기를 위하여 하는 혁명인 고로 '민중혁명'이라 '직접혁명'이라 칭함이며, 민중이 직접하는 혁명이므로 그 끌어오고 부풀어 오르는 열기가 숫자상의 강약 비교의 관념을 타파하며, 그 결과의 성패가 매양 전쟁학의 정해진 궤도에서 벗어나서, 돈 없고 군대 없는 민중으로 백만의 군대와 억만의 부와 힘을 가진 제왕도 타도하며 외적도 쫓아내나니, 그러므로 우리 혁명의 첫걸음은 '민중 각오를 요구함'이니라.

민중이 어떻게 각오하느냐?

민중은 신이나 성인이나 어떤 영웅호걸이 있어 '민중을 각오'하도록 지도하는 데서 각오하는 것도 아니오, '민중아, 각오하자' '민중이여, 각오하여라'의 그런 열렬한 부르짖는 소리에서 각오하는 것도 아니오.

오직 민중의 민중을 위하여 일체 불평, 부자연, 불합리한 민중 향상의 장애부터 먼저 타파함이 곧 '민중을 각오케' 하는 유일한 방법이니, 다시 말하자면 곧 먼저 깨달은 민중이 민중 전체를 위하여 혁명적 선구가 됨이 민중 각오의 첫 번째 길이니라.

일반 민중이 굶주림, 추위, 곤란함, 고통, 아내와 아이의 울부짖음, 납세의 독촉, 사채의 재촉, 행동의 부자유, 모든 압박에 졸리어, 살려니 살 수 없고 죽으려 하여도 죽을 바를 모르는 판에, 만일 그 압박의 주요 원인인 강도정치를 설비한 강도들을 격살하고, 강도의 일체 시설을 파괴하고, 복음이 사해에 전하여 온 민중이 동정의 눈물을 뿌리어, 이에 사람마다 그 굶어 죽음 이외에 오히려 혁명이란 길이 남아 있음을 깨달아, 용기 있는 자는 그 의분에 못 이겨서 약자는 그 고통에 못 견디어서, 모두 이 길로 모여들어 계속해서 진행하며 보편적으로 널리 전파되어 거국일치의 대혁명이 되면 간활하고 교활하며 잔인하고 포악한 강도 일본을 마침내

쫓아내는 날이라. 그러므로 우리의 민중을 각성시켜 강도의 통치를 타도하고 우리 민족의 새 생명을 개척하자면, 십만 양병이 폭탄을 한 번 던진 것보다 못하며 억만 장 신문·잡지가 한 번의 폭동만 못할지니라.

민중의 폭력적 혁명이 발생치 아니하면 그만이거니와, 이미 발생한 이상에는 마치 낭떠러지에서 굴리는 돌과 같아서 목적지에 도달하지 아니하면 정지하지 않는 것이라, 우리가 이미 지나온 과정으로 말하면, 갑신정변은 특수세력이 특수세력과 싸우던 궁중 일시의 활극일 뿐이며, 경술 전후의 의병들은 충군애국의 대의로 격분하여 일어난 독서계급의 사상이며, 안중근, 이재명 등 열사의 폭력적 행동이 열렬하였지만 그 후면에 민중적 역량의 기초가 없었으며, 3·1운동의 만세 소리에 민중의 일치한 의기가 잠시 나타났지만 또한 폭력적 중심을 가지지 못하였도다. '민중, 폭력' 양자 중 그 하나만 빠지면 비록 굉렬하고 장쾌한 거동이라도 또한 번개처럼 사라지도다.

조선 안에 강도 일본이 제조한 혁명 원인이 산같이 쌓이었다. 언제든지 민중의 폭력적 혁명이 개시되어 "독립을 못 하면 살지 않으리라.", "일본을 쫓아내지 못 하면 물러서지 않으리라."라는 구호를 가지고 계속 전진하면 목적을 관철하고야 말지니, 이는 경찰의 칼이나 군대의 총이나 간활 교활한 정치가의 수단으로도 막지 못하리라.

혁명의 기록은 자연히 참혹하고 장엄한 기록이 되리라. 그러나 물러서면 그 후면에는 암흑의 함정이다. 나아가면 그 전면에는 광명한 활기니, 우리 조선 민족은 그 참혹한 기록을 그리면서 나아갈 뿐이니라.

이제 폭력(암살, 파괴, 폭동)의 목적물을 대략 열거하건대,

1. 조선 총독 및 각 관리와 공리(관리가 아니면서 공무를 맡아보는 사람)
2. 일본천황 및 각 관리와 공리
3. 정탐노, 매국적
4. 적의 일체 시설물

이외에 각 지방의 신사나 부호가 비록 현저하게 혁명운동을 방해한 죄가 없을지라도 만일 언어 혹 행동으로 우리의 운동을 완화하고 중상모략하는 자는 우리의 폭력으로써 대할지니라. 일본의 이주민은 일본 강도정치의 기계가 되어 조선 민족의 생존을 위협하는 선봉이 되어 있은즉 또한 우리의 폭력으로 쫓아낼지니라.

5

혁명의 길은 파괴로부터 개척할지나라. 그러나 파괴만 하려고 파괴하는 것이 아니라 건설하려고 파괴하는 것이니, 만일 건설할 줄을 모르면 파괴할 줄도 모를지며, 파괴할 줄을 모르면 건설할 줄도 모를지니라. 건설과 파괴가 다만 형식상에서 보아 구별될 뿐이요, 정신상에서는 파괴가 곧 건설이니, 이를테면 우리가 일본 세력을 파괴하려는 것이

제1은 이족통치를 파괴하고자 함이라. 왜? '조선'이란 그 위에 '일본'이란 이민족 그것이 압제하고 있으니, 이민족 압제의 밑에 있는 조선은 고유의 조선이 아니니, 고유의 조선을 발견하기 위하여 이족통치를 파괴함이니라.

제2는 특권계급을 파괴하고자 함이라. 왜? '조선민중'이란 그 위에 총독이니 무엇이니 하는 강도단의 특권계급이 압박하여 있으니, 특권계급의 압박 밑에 있는 조선민중은

기념식
조선혁명선언
100
주년

2023. 1. 31.(화) 10:00~12:00
국회의원회관 대회의실

사회 | 강정훈 (위례역사문화연구소)

시간	구분	내용
	개회사	· 서동용 국회의원
10:00 ~ 10:30	환영사	· 김언호 대표 (김원봉과 함께 대표) · 박우섭 회장 (조선의열단기념사업회 회장) · 이장섭 국회의원 (단재신채호선생기념사업회 대표)
	축사	· 한시준 관장 (독립기념관)
10:30 ~ 10:45	기념식	· 개최배경 및 경과보고 - 김명섭 (위례역사문화연구소) · 조선혁명선언문 낭독 - 김찬호 · 양다은 (한국YMCA전국연맹)
10:45 ~ 11:15	특별강연	· [단재 신채호와 조선혁명선언] 이만열 (시민모임 독립 이사장, 전 국사편찬위원장)
11:15 ~ 11:45	기념공연	· 항일 노래 공연 - 이혜인 · 김미리 · 최종원 · 의열단 · 약산 김원봉 연설 영상상영

공동주최 광복회 / 국민문화연구소 / 김원봉과 함께 / 단재신채호선생기념사업회 / 대한민국임시정부기념사업회 / 몽양여운형선생기념사업회 / 시민모임 독립 / 아나키문화연대 / 안중근의사기념사업회 / 용인독립기념관기념사업회 / 운암김성숙선생기념사업회 / 윤리문화연구소 / 조선의열단기념사업회 / 한국YMCA전국연맹 / 항일독립선열선양단체연합 / 흥사단 / 국회의원 강은미 / 국회의원 김홍걸 / 국회의원 민형배 / 국회의원 서동용 / 국회의원 설 훈 / 국회의원 안호영 / 국회의원 우원식 / 국회의원 이장섭 / 국회의원 윤미향 / 국회의원 황운하

주관 국회의원 서동용

기념행사
식순

PROGRAM

조선혁명선언 100주년 기념식 자료집

○ 주 제 : '조선혁명선언' 100주년 기념식
○ 일 시 : 2023. 1. 31 (화) 10:00 ~ 12:00
○ 장 소 : 국회의원회관 대회의실
○ 주 관 : 서동용 의원실

일정표	
시 간	내 용
10:00~10:30 (30분)	[국민의례] [내빈소개] [개회사] 서동용 국회의원 [환영사] 김언호 김원봉과함께 대표 　　　　 박우섭 조선의열단기념사업회 회장 　　　　 이장섭 국회의원, 단재신채호선생기념사업회 대표 [축사] 한시준 독립기념관장 [사진촬영]
10:30~10:45 (15분)	[기념식] 개최 배경 및 경과보고 - 김명섭 위례역사문화연구소 조선혁명선언문 낭독 - 김찬호, 양다은 한국YMCA전국연맹
10:45~11:15 (20분)	[특별강연] "단재 신채호와 조선혁명선언" - 이만열 시민모임 독립 이사장, 전 국사편찬위원장
11:15~11:45 (30분)	[기념공연] 항일 노래 공연 - 이해인, 김미리, 최종원 의열단·악산 김원봉 연설 영상상영 [폐회]

CONTENTS

CONTENTS

기념행사 사진
〈문화 행사〉

행사 전날 최종 리허설

차량 행사 출발 전

강남역

홍대 거리

강정훈: 사회, 개회 선언

신태영: 경과보고

류인호: 우근 류자명 손자

김동현: 국민문화연구소 부회장

김호동: 광복회 안양시 지회장, 시야 김종진 손자

김명섭: 선언서 소개

박나현, 김남훈: 조선혁명선언 발췌 낭독

최종원: 보컬, KBS 합창단원, 밴드 위고업 크루
김미리: 싱어송라이터 미리, 대표곡 —울어요, 바람의 소리

마로니에 공원 입구

마로니에 공연장 현수막

마로니에 공원

마로니에 공연장 객석

마로니에 공연장 객석

기념행사 사진
〈국회 행사〉

영상물 상영

강정훈(위례역사문화연구소): 사회, 개회 선언

서동용(국회 의원): 개회사

김명섭(단국대 교수, 위례역사문화연구소): 개최 배경 및 경과보고

한시준(독립기념관 관장): 축사

이만열(시민모임 독립 이사장): '단재 신채호와 조선혁명선언' 강연

항일 노래 공연

참석 국회 의원

단체 기념사진 1

단체 기념사진 2

단체 기념사진 3

부록

신문 기사
QR 코드

'조선혁명선언' 100주년을 맞이하면서(농업신문)

'조선혁명선언' 100주년을 맞이하면서

'조선혁명선언' 독립운동 외에도 기존 불합리한 제도 개혁정신 깃들어

강정훈 논설위원
기사입력 2023-01-29 [17:47]

가- 가+ ☍

의열단(義烈團)이 독립운동의 이념과 방략을 이론화하여, 1923년 1월 발표한 '조선혁명선언'이 올해로 100주년이 되었다.

▲ 조선혁명선언 100주년 기념 포스터 ⓒ 한국농업인신문

'조선혁명선언'은 당시 의열단 의백(단장)인 김원봉의 부탁으로 신채호가 작성하였고 그 과정에 아나키스트인 류자명이 함께 하였다.

일제 암흑기 우리나라 독립운동사에서 다양한 선언서가 등장하였으나 '조선혁명선언' 만큼 역사적으로 많은 영향을 끼친 예는 찾아보기 어렵다.

조선혁명선언 100주년 마로니에 공원 행사 안내(뉴스케이프)

'조선혁명선언' 100년 맞아 국회·서울 대학로서 그 뜻 새긴다

 전수영 기자 | ⊙ 승인 2023.01.17 11:23

28일 오전 10시부터 6시까지 진행...시민단체·국회의원 참여

[뉴스케이프 전수영 기자] '조선혁명선언' 100주년을 맞아 민간 차원의 행사가 열린다.

오는 28일 오후 2시부터 5시까지 대학로 김상옥 열사 동상 앞에서 문화행사가 열리고 31일에는 국회 의원회관 2층 대회의실에서 기념식이 진행된다.

HOME > 현장소식

단재 신채호의 명문 「조선혁명선언」 100주년 기념식

👤 이승현 기자 | ⏱ 승인 2023.01.26 13:14

단재 신채호 선생의 「조선혁명선언」 발표 100주년을 맞아 '조선혁명선언 100주년 기념식'이 오는 31일 오전 10시 국회의원회관 대회의실에서 열린다.

「조선혁명선언」의 역사적 의의를 기리는 공식 기념식은 이번이 처음으로, 광복회와 김원봉과 함께, 단재신채호선생기념사업회, 대한민국임시정보기념사업회, 시민모임 독립을 비롯한 17개 단체와 강은미·김홍걸·민형배·서동용·설훈 등 11명의 국회의원이 공동주최하고 서동용 의원실이 주관한다.

기념식은 김언호 김원봉과 함께 대표, 박우섭 조선의열단기념사업회장, 이장섭 단재신채호선생기념사업회 대표의 환영사와 한시준 독립기념관장의 축사, 이만열 시민모임 독립 이사장의 특별 강연(단재 신채호와 조선혁명선언), 기념공연 및 영상상영 순서로 진행된다.

「조선혁명선언」은 의열단의 의백 김원봉의 의뢰로 단재가 1923년 1월 완성한 문서. 반자본주의, 반국가적 성격의 혁명투쟁을 강조한 아나키즘 사상이 주를 이루고 민족해방이라는 목표아래 민족주의 사상이 혼재되어 있다는 평을 받고 있다.

전 국사편찬위원장인 이만열 시민모임 독립 이사장은 「조선혁명선언」을 일컬어 "항일민족운동사상 가장 강건·웅혼하면서도 정교하게 민족해방의 이론과 방략을 나름대로 체계화하고 구체화한 문서이며 민중해방운동의 주장을 이론화한 문서로서, 3.1독립선언문 이후 한국의 독립운동 및 민중운동사에서 그 역사적 의의가 높은 민족 민중운동의 문건이라 할 것"이라고 평했다.

단재 신채호가 쓴 '조선혁명선언' 100주년 기념식 개최

머니투데이 | 유승목 기자   2023.01.27 11:29

https://news.mt.co.kr/mtview.php?no=2023012710424912862&type=1   기사주소 복사

▌오는 31일 국회 의원회관서 기념행사

일제강점기 항일투쟁과 독립국가 건설방향을 제시한 '조선혁명선언' 발표 100주년 기념행사가 오는 31일 국회 의원회관 2층 대회의실에서 열린다. 서동용 더불어민주당 의원을 비롯해 강은미, 김성환, 김홍걸, 민형배, 설훈, 안호영, 우원식, 윤미향, 이장섭, 황운하 의원 등이 참여할 예정이다. 이에 앞서 1월28일에는 서울 대학로 김상옥 열사 동상 앞에서 문화행사도 진행될 예정이다.

이번 기념식은 광복회, 국민문화연구소, 단재신채호선생기념사업회, 대한민국임시정부기념사업회, 몽양여운형선생기념사업회, 시민모임독립, 아나키문화연대, 안중근의사기념사업회, 약산김원봉과 함께, 용인독립기념사업회, 운암김성숙선생기념사업회, 윤리문화학회, 위례역사문화연구소, 조선의열단기념사업회, 한국YMCA전국연맹, 항일독립선열선양단체연합, 흥사단이 공동 주최한다.

조선혁명선언은 1923년 1월28일 의열단 독립운동 이념과 방략을 이론화해 발표한 선언서다. 의열단장인 김원봉의 의뢰로 단재 신채호가 작성했다. 사회적 불평등과 경제약탈제도 등을 파괴하고 고유한 조선, 민중 경제, 민중 사회를 건설하자는 내용이 골자로 다양한 독립운동단체에 영향을 줬다는 평가다.

Print

조선혁명선언 100주년 기념식 국회서 열려

NSP통신, 김성철 기자, 2023-01-31 14:21 KRD7
#서동용국회의원 #조선혁명선언 #기념식

서동용 의원, 단재 신채호 선생의 조선혁명선언 정신 이어가야

(전남=NSP통신) 김성철 기자 = 국회 의원회관 대회의실에서 조선혁명선언 100주년 기념식이 개최됐다. 참석자들은 조선혁명선언의 지나간 100년을 돌아보는 한편 오늘날 우리에게 시사하는 조선혁명선언의 역사적 의의와 사료적 가치를 상기하고 그 뜻을 기리기 위해 함께 할 것을 다짐했다. 이번 기념식은 국회에서 열리는 최초의 공식 기념식으로 그 의미가 뜻깊다고 볼 수 있다.

기념식에는 서동용 국회의원과 이장섭 국회의원(단재신채호선생기념사업회 대표)을 비롯해 김언호 대표(김원봉과함께), 박우섭 회장(조선의열단기념사업회), 한시준 독립기념관장 등이 참석해 개회사·환영사·축사를 진행한 가운데 기념식 개최 배경 및 경과보고, 조선혁명선언문

굿모닝충청

HOME > 뉴스플러스 > 정치

단재 신채호 '조선혁명선언' 100주년...미래의 지표

👤 김종혁 기자 | ⏱ 승인 2023.01.31 14:28

31일 국회의원회관서 기념식, 이만열 시민모임 독립 이사장 특별 강연 등

31일 국회의원회관 대회의실에서 정치권과 학계, 시민사회 등 각계 인사들이 운집한 가운데 '조선혁명선언 100주년 기념식'이 성황리에 개최됐다. 사진=이장섭 의원/굿모닝충청 김종혁 기자

[굿모닝충청 김종혁 기자] 항일 독립운동의 이념과 방향을 천명한 단재 신채호 선생의 '조선혁명선언'이 지닌 뜻과 의미를 미래로 나아가야 할 지표로 다시 조명됐다.

31일 국회의원회관 대회의실에서 정치권과 학계, 시민사회 등 각계 인사들이 운집한 가운데 '조선혁명선언 100주년 기념식'이 성황리에 개최됐다.

조선혁명선언은 1923년 1월 의열단장 김원봉의 의뢰로 단재 신채호가 의열단 독립운동의 이념과 방략을 이론화해 발표한 선언서다.

조선혁명선언 100주년 국회 행사 안내(충청일보)

《《 충청일보

HOME > 정치 > 국회·정당

이장섭, '단재 신채호 조선혁명선언 100 주년 기념식' 열어

👤 이득수 기자 | ⏱ 승인 2023.01.31 15:00

▲ 더불어민주당 이장섭 의원(앞줄 왼쪽 5번째)이 주최한 단재 독립선언 100주년 기념식이 31일 서울 여의동 국회의원회관에서 열렸다. (사진=이장섭 의원실 제공)

단재신채호선생기념사업회 상임대표인 더불어민주당 이장섭 의원이 단재 신채호 선생의 ' 조선혁명선언 ' 발표 100 주년을 맞아 31일 서울 여의도 국회의원회관에서 '조선혁명선언 100주년 기념식'을 개최했다.

조선혁명선언은 1923년 1월 의열단장 김원봉의 의뢰로 단재 신채호가 의열단 독립운동의 이념과 방략을 이론화해 발표한 선언서다.

'조선혁명선언 100 주년 기념식' 열려

단재신채호선생기념사업회·이장섭 의원 등 공동 주최

안혜주 기자 asj1322@hanmail.net　　　　　　기사입력 2023.01.31 16:30:13　최종수정 2023.01.31 16:30:13

- 31일 오전 서울 여의도 국회의원회관 대회의실에서 단채신채호선생기념사업회 등이 공동 주최한 '조선혁명선언 100주년 기념식'이 열린 가운데 참석자들이 독립운동 정신을 기리고 있다.
ⓒ 이장섭 의원실

[충북일보] 항일 독립운동의 이념과 방향을 천명한 단재 신채호(1880~1936) 선생의 '조선혁명선언' 발표 100주년을 기념하는 자리가 31일 국회에서 열렸다.

이날 오전 서울 여의도 국회의원회관 대회의실에서 열린 '조선혁명선언 100주년 기념식'은 정치권과 학계, 시민사회 등 각계 인사 400여 명이 참석한 가운데 진행됐다.

조선혁명선언은 1923년 1월 의열단장인 약산 김원봉(1898~1958)의 의뢰로 단재 신채호가 의열단 독립운동의 이념과 방략을 이론화해 발표한 선언서다 .

조선혁명선언의 역사적 의의와 현대사적 의미를 되짚어보는 이번 기념식은 광복회, 국민문화연구소, 단채신채호선생기념사업회 등 17개 단체와 더불어민주당 이장섭(청주 서원) 등 국회의원 10명이 공동 주최했다.

조선혁명선언 100주년 국회 행사 안내(중부매일)

중부매일

HOME > 문화 > 학술·문화재

단재 신채호의 '조선혁명선언 100주년 기념식' 성료

👤 이민우 기자 | ⏱ 승인 2023.01.31 16:41

단재신채호선생기념사업회 상임대표 이장섭 국회의원
"민중에게 독립 목표·확신 갖게 한 일대 사건" 평가

단재 신채호 선생의 '조선혁명선언' 발표 100주년을 맞아 31일 오전 10시 국회의원회관 대회의실에서 정치권과 학계, 시민사회 등 각계 인사들이 운집한 가운데 '조선혁명선언 100주년 기념식'이 성황리에 종료됐다. /이장섭의원실

[중부매일 이민우 기자]   단재 신채호 선생의 '조선혁명선언' 발표 100주년을 맞아 31일 오전 10시 국회 의원회관 대회의실에서 정치권과 학계, 시민사회 등 각계 인사들이 운집한 가운데 '조선혁명선언 100주년 기념식'이 성황리에 종료됐다.

조선혁명선언은 1923년 1월 의열단장 김원봉의 의뢰로 단재 신채호가 의열단 독립운동의 이념과 방략을

HOME > 현장소식

100년전 '조선혁명선언'을 다시 읽어야 하는 까닭은?

🧍 이승현 기자 | ⊘ 승인 2023.01.31 16:59

순국열사선양단체 등, 「조선혁명선언」 100주년 기념식 개최

제1은 이족통치를 파괴하고자 함이다.
제2는 특권계급을 파괴하고 함이다.
제3은 경제 약탈제도를 파괴하고 함이다.
제4는 사회적 불평균을 파괴하고자 함이다.
제5는 노예적 문화사상을 파괴하고자 함이다.

다시 말하자면 '고유적 조선의' '자유로운 조선 민중의' '민중 경제의' '민중 사회의' '민중 문화의' 조선을 건설하기 위하여 '이족통치의' '약탈제도의' '사회 불평균의' '노예 문화사상의' 현상을 타파함이니라. 그런 즉 파괴 정신이 곧 건설 주장이라. 나아가면 파괴의 '칼'이 되고 들어오면 '깃발'이 될지니, 파괴할 기백은 없고 건설할 어리석은 생각만 있다면, 오백년이 지난다 해도 혁명의 꿈도 꾸어보지 못할지니라.

조선혁명선언 100주년 국회 행사 안내(시민의소리)

조선혁명선언 100주년 기념식 국회서 열려

이형권 기자 | 승인 2023.01.31 18:06

조선혁명선언의 역사적 의의 기리는 공식 기념식은 이번이 처음
학계 시민사회 등 참석자, 단재 신채호 선생의 조선혁명선언 정신 이어가야 한목소리
광복회, 국민문화연구소, 김원봉과 함께, 단재 신채호선생기념사업회 공동 주최

개회사를 하고 있는 서동용 국회의원(사진=서동용의원실 제공)

서동용 국회의원(순천광양구례곡성 을)은 의원실 주관으로 조선혁명선언 100주년 기념식 을 국회에서 열었다고 31일 밝혔다.

"공식 기념식으로 국회에서 열리기는 이번이 처음이다"면서 "참석자들은 조선혁명선언의 지나간 100년을 돌아보는 한편, 오늘날 우리에게 시사하는 조선혁명선언의 역사적 의의 와 사료적 가치를 상기하고 그 뜻을 기리기 위해 함께 할 것을 다짐했다"고 전했다.

BreakNews

브레이크뉴스

조선혁명선언 100주년 기념식 국회서 첫 번째로 열려

단재 신채호 선생의 조선혁명선언 정신−학계 시민사회 등 참석자...계승 한목소리

기사입력시간 : 2023/02/01 [15:41:00]

김충열 정치전문기자

조선혁명선언 100주년 기념식이 1월 31일, 국회 의원회관 대회의실에서 개최되었다.

▲ 개회사를 맡은 서동용 의원은 "조선혁명선언의 위대한 이념과 숭고한 민족적 정신에는 시대와 공간을 초월하는 역사적 가치가 담겨있다."며, "1923년 1월의 뜨거움이 2023년 1월을 살아가는 우리에게도 큰 울림으로 다가오듯이 선언의 가치와 정신을 이어가는 실천을 위해 100주년 기념식이 첫 출발점이 되어야 한다."라고 강조했다. *김충열 정치전문기자

참석자들은 조선혁명선언의 지나간 100년을 돌아보는 한편, 오늘날 우리에게 시사하는 조선혁명선언의 역사적 의의와 사료적 가치를 상기하고 그 뜻을 기리기 위해 함께 할 것을 다짐했다. 이번 기념식은 국회에서 열리는 최초의 공식 기념식으로 그 의미가 뜻깊다고 볼 수 있다.

조선혁명선언 100주년 국회 행사 관련 기사 부분(오마이뉴스)

우리 역사학계에서 한국과 일본의 근대 역사를 설명하는 틀은 크게 두 줄기가 존재한다. 하나는 일제가 한반도를 강제 점령해 식민지로 만든 후, 조선인들을 착취 억압하고 이 땅의 자원을 악탈해갔다는 것(수탈론)이고 다른 하나는 일제의 개발 정책으로 인해 나라 경제가 성장했고 의료 기술이 도입돼 사망률이 감소하는 등 산업발전과 근대화를 촉진했다는 해석(근대화론)이 그것이다.

역사 연구자가 아닌 사람이 이 주제를 논하는 건 주제넘은 짓이다. 분명한 것은 일제가 우리의 자주권을 빼앗고, 우리 것을 수탈하고, 민족혼을 말살하려 했다는 사실이다. 그 과정에서 어느 만큼의 성장과 퇴보가 이루어졌는가, 라는 주제는 본질이 아니다. 무력으로 한반도를 침략해 자기들 멋대로 이 땅을 식민화(植民化)한 행위는 어떤 명분과 이론으로도 정당화할 수 없는 범죄행위일 따름이다.

식민지 근대화론에 부합하는 통계자료나 연구논문이 발표되면 일본 보수신문들이 보란 듯이 지지 논평을 내놓는다. 한국의 유력 정치인이 '조선은 스스로 자멸했을 뿐, 일본은 조선 왕조와 전쟁한 적이 없다'라고 말하면, 일본의 극우 세력들은 박수갈채를 보낸다. 수탈론과 근대화론 사이, 친일과 항일 사이의 틈새를 비집고 들어와 자신들이 벌인 침략을 정당화하고 역사를 왜곡한다.

▲ 조선혁명선언 100주년 기념식 포스터 지난 1월 31일에 단재 신채호 선생의 조선혁명선언(1923년) 100주년을 기념하는 행사가 국회에서 열렸다.
ⓒ 시민모임 독립

일차원적인 감상주의에 빠져 역사를 단순화해선 안 되지만, 일제에 의해 이 땅의 역사가 어떻게 비틀리고 더럽혀졌는가를 망각해선 안 된다. 일본인에게 메이지 시대가 자랑스러운 것처럼, 우리에게도 빛나는 독립투쟁의 역사가 있다. 이토 히로부미의 대척점에 대한국인(大韓國人) 안중근이 서 있고, 요시다 쇼인의 대척점에 단재(丹齋) 신채호 선생이 서 있다. 빼앗긴 나라를 되찾기 위해 목숨을 걸고 싸운 이름 없는 영웅들의 발자취를 기억해야 한다.

메이지 시대 일본의 젊은 무사들은 칼 대신 책을 잡았지만, 식민지 시대 조선의 의사(義士)들은 책을 버리고 총을 들었다. 저들은 제국주의 이념에 빠져 아시아를 침략하는 만행을 저질렀지만, 조선의 젊은이들은 태극기를 들고 거리로 뛰쳐나와 독립 만세를 외쳤고, 자주독립을 염원하며 역사의 제단에 목숨을 바쳤다. 이것이 야만과 폭력의 시대를 살아간 선열들의 역사이고 시대정신이다.

아나키문화연대

아나키문화연대

아나키즘은 자유롭고 성숙한 개인들이 만들어가는 아름다운 사회를 지향하는 생각이자 활동이다. 따라서 하나의 정형화된 사상이라기보다 여러 갈래로 펼쳐지고 흩어지며 혹은 망라되기도 하는 다양한 사유 형태를 보인다. 행동 방식 또한 다채로운 까닭에 단일성의 그물로 포착되기는 어렵다. 인간의 삶이 닿는 거의 모든 범주에서 자유를 위해 발랄한 몸짓을 추구하는 것이 아나키즘이다. 최근 문화 영역에서 직접 행동을 기획하고 실행하는 측면이 강화되었다.

'아나키문화연대' 또한 이러한 흐름과 맞닿아 있다. '아나키문화연대'는 조선혁명선언 100주년 행사를 치러낸 주체이지만 그 실체는 모호한 편이다. 아마도 별이 태어나 만들어지는 것처럼 생성 과정에 놓여있기 때문이다. 그 기원은 '검은빵'이라는 작은 독서 모임에서 비롯됐다. '검은빵'은 위대한 아나키스트인 크로포트킨의 『빵의 쟁취』라는 책에서 추출한 이름이다. 아나키즘과 아나키스트들에 대한 책들을 함께 읽는 몇몇 사람이 행사를 준비하면서 구성 면모를 '아나키문화연대'로 확장하여 지금에 이르렀다. 멋진 세상을 희망하는 눈 밝은 이들의 동참을 기대한다.

'아나키문화연대'의 깃발은 행사를 위해 마련한 상징이다. 먼저 '서클에이'는 아나키즘을 나타내는 공통 표식으로 흰색을 사용해서 평화의 의미를 담았다. 검은색 바탕 또한 아나키즘의 상징이다. 여기에 오늘날 절실한 보편 가치들을 몇 가지 색으로 추가했다.

빨간색은 사회주의를 나타낸다. 자본주의의 폭주에 대한 성찰은 사회주의를 원용함이 마땅하다. 거기에 전 방위에서 설쳐대는 레드 콤플렉스에 대해 경각심을 알리는 의미도 새겼다. 녹색은 생태와 환경에 대한 인간의 책임을 표현한 것이다. 분홍색은 페미니즘을 나타낸다. 계급이 사라진 후 혹은 은폐된 후 부당한 차별에 대응해 페미니즘을 수용했다. 보라색은 LGBTQ로 표현되는 성소수자들의 상징이다. 말 그대로 소수라는 이유로 차별

받는 일은 온당하지 않다. 그럼에도 소수자에 대해 편견과 차별이 만연한 현실이니 이를 경계하는 차원에서 보라색을 담았다.

마지막으로 녹색별은 에스페란토의 상징이다. 언어의 차이가 차별과 폭력으로 이어지고 힘센 언어 사용자들이 타자를 지배하는 언어 제국주의 현상을 타파하기 위해 자멘호프가 만든 인공어가 바로 에스페란토이다. 모든 지구인의 공용어를 꿈꾸는 에스페란토는 아나키즘의 정신과 가장 잘 어울리는 언어 운동이기에 이를 담고자 하였다.

따라서 '아나키문화연대'는 현재 인류가 마주한 모든 문제에 관심을 갖고 직접 행동을 고민하는 모임이다. 함께하려는 당신이라면 언제나 환영이다!

조선혁명선언 1923

1판 1쇄 펴낸 날 2023년 11월 10일

지은이 신채호
엮은이 아나키문화연대
기획 위례역사문화연구소
펴낸이 이민호
펴낸 곳 봄싹
출판 등록 제2019-16호
주소 10442 경기도 고양시 일산동구 일산로 142, 427호(백석동, 유니테크빌벤처타운)
전화 02-6264-9669 | **팩스** 0505-300-8061 | **전자 우편** book-so@naver.com

편집 주간 방민화
디자인 신미연
제작 두성 P&L

ISBN 979-11-979474-5-2 (03910)